Bernhard Kolb: Wintergärten und Glasanbauten im Detail

Bernhard Kolb

Wintergärten und Glasanbauten im Detail

- Projektbeispiele
- Material
- Konstruktionsdetails
- Kosten

Impressum

Wintergärten und Glasanbauten im Detail
1. Auflage
Herausgeber Bernhard Kolb
Elisabethstr. 11
80796 München
Tel.: 0 89/ 2 72 43 89

Die Deutsche Bibliothek – CIP-Einheitsaufnahme
Wintergärten und Glasanbauten im Detail
Projektbeispiele
Material
Konstruktionsdetails
Kosten

Bernhard Kolb (Hrsg.) - 1. Auflage -
Augsburg: WEKA Baufachverlage GmbH
Verlag für Architektur, 1994
ISBN - 3-8111-1680-0
NE: Kolb, Bernhard (Hrsg.)

Der Herausgeber
Bernhard Kolb, Dipl.-Architekt, freier Fachpublizist, Autor
vieler Bücher zum Thema Architektur, Solararchitektur,
natürliche Baustoffe
Herausgeber des WEKA-Werkes „Umweltverträgliches Bauen"
Autor des WEKA-Buches „Bauen und Sanieren mit
natürlichen Baustoffen", lebt und arbeitet in München.

© by WEKA Baufachverlage GmbH
Verlag für Architektur
Berliner Allee 28b-c
D-86153 Augsburg
Telefon (08 21) 50 41-0
Telefax (08 21) 50 41-1 08

WEKA Firmengruppe GmbH & Co.KG
Kissing – Augsburg – Zürich – Paris – Mailand –
Amsterdam – Wien – Awans – New York
Alle Rechte vorbehalten, Nachdruck -
auch auszugsweise – nicht gestattet.
Umschlagfoto: Jens Willebrand
Architekten: Krieger, Greulich und Partner, Darmstadt
Produktion: Helmut Göhl
Satz und Graphic Design: Petra Pawletko
Druck: Sellier Druck, Freising
Repro: Kaltner Satz & Litho GmbH, Bobingen
Produktmanagement: Dr. Johanna Brunner
Printed in Germany 1994
ISBN 3-8111-1680-0

INHALT

1 Einleitung

Vorwort 7
Einführung 9

2 Fachbeiträge

Baurecht, Bauphysik, Baukonstruktion

Bauordnung 14
Wärmeschutzverordnung 14
Passives Solarsystem 15
Glasarten 16
Energiesparmaßnahmen
mit Glasanbauten 17
Konstruktive Anforderungen 23
Dichtstoffe 32
Sonnenschutz 33

3 Projektbeispiele

Gewächshäuser 39
Anlehnwintergärten 59
Integrierte Wintergärten 107
Glaskonstruktionen
im Dachausbau 117
Hallen 127
Konstruktionen mit Sondergläsern 179

4 Ausblick

Luft, Licht und Sonne 192
Haus der
Wirtschaftsförderung Duisburg 193
Heliotrop 195
Vom WIntergarten zum Nullenergiehaus 197

5 Anhang

Register 200
Fotonachweise 205

Die Autoren der Fachbeiträge:

Prof. Dipl.-Ing. Josef Schmid, Dipl.-Ing. Werner Stiell
(Institut für Fenstertechnik e. V., Rosenheim):
„Konstruktive Anforderungen"

Dr.-Ing. Hans Werner
(Fraunhofer-Institut für Bauphysik, Holzkirchen):
„Energiesparmaßnahmen mit Glasanbauten –
eine experimentelle Untersuchung"

Prof. Dr.-Ing. Gerd Hauser,
Prof. Dr.-Ing. Gerhard Hausladen:
„Wirtschaftliche Effizienz von Energiesparmaßnahmen
mit Glassanbauten" („Energiepaß")

Dr. Klaus Huntebrinker
(Isolar-Glas-Beratung):
„Passives Solarsystem"
„Gläser"

Wolfgang Mittmann:
„Sonnenschutz"

N.N. (Arbeitsgemeinschaft Holz e.V.):
„Dichtstoffe, Dichtprofile, Bauabdichtungsfolien
und Dichtungsbänder"

Vorwort

Schon im 13. Jahrhundert leiteten die Baumeister der gothischen Kathedralen eine Bauweise ein, die mit den herkömmlichen Traditionen brach. Massive Wände, bis dahin Garanten der Statik, verschwanden und wurden durch Stützen und raumhohe Glasfenster ersetzt. Die klassischen geschlossenen Raumgefüge lösten sich auf, Licht und Transparenz prägten fortan die Architektur.

Auch im ausgehenden 20. Jahrhundert rücken wieder Bestrebungen in den Vordergrund, Glas und filigranem Tragwerk gestalterische Dominanz einzuräumen. Experimentierfreude mit neuartigen Materialien und nicht zuletzt computergestützte Planung setzen heute selbst kühnsten Glaskonstruktionen kaum noch Grenzen. So bleibt nur zu hoffen, daß sich der Leser vom Pioniergeist und der vielzitierten „Lust am Bauen" animieren läßt, die in den Projekten dieses Buches ganz unmittelbar zum Ausdruck kommen.

Mein besonderer Dank gilt all jenen Planern, die durch ihr Wissen und ihre Erfahrungen einen wertvollen Beitrag zum Zustandekommen dieses Buches geleistet haben. Besonderer Dank gebührt auch den Mitarbeiterinnen im WEKA-Verlag für Architektur, Frau Dr. Brunner, Frau Beermann, Frau Mundelsee und Frau Wiedemann, die bei der Materialbeschaffung behilflich waren.

Einführung

Wer hat Angst vor zuviel Glas? Diese Frage hat sich Professor Peter C. von Seidlein anläßlich eines Architekturforums gestellt. Er ist zur Überzeugung gelangt, daß Glas wohl am ehesten ein Synonym für Offenheit und Freiheit ist und sich deshalb nur für Gesellschaften eignet, die sich diesen Prinzipien verschrieben haben. So ist die Geschichte von Glas am Bau auch ein Spiegelbild der jeweiligen Gesellschaftsform.

Einführung

Schon zur Geburtsstunde der großen Glashallen, die schlagartig mit dem Londoner Kristallpalast Mitte des vorigen Jahrhunderts einsetzte, symbolisierte Glas zusammen mit den kühnen Tragwerken aus Stahl einen Zustand grenzenloser Freiheit. Nicht nur der Architektur eröffneten sich neue Dimensionen, auch dem Betrachter boten die hellen, scheinbar schwerelosen und lichtdurchströmten Hallen ein unvergleichliches Erlebnis.

Bald blieben die Glaskonstruktionen nicht mehr nur auf Gewächshäuser, Ausstellungs- und Bahnhofshallen beschränkt, sondern fanden auch Einzug in Passagen, Galerien und Lichthöfe von Hotels, Bürohäusern und Wohngebäuden.

Auf Grund der technischen Unzulänglichkeiten der Konstruktion, verbunden mit Überhitzungs-, Kälte- und Dichtungsproblemen, war die Anwendung weitgehend auf jene Bereiche begrenzt, für die solche Probleme ohne Belang blieben. Oder man behalf sich mit Nachbesserungen wie beim Münchener Glaspalast, der als Schutz vor Sonneneinstrahlung nachträglich zur Gänze mit Farbe überpinselt wurde.

Im Bürgerhaus der Gründerzeit erfuhren Orangerien, die künstlichen Palmengärten des 18. Jahrhunderts, ihre Fortsetzung. Im Wohnungsbau begann die erste Blütezeit der Glasanbauten. Nicht nur Loggien, Balkone und Erschließungen wurden verglast, sondern regelrechte Glashäuser vor die Fassade gesetzt. Damit ließen sich differenzierte Wärmezonen, sog. thermische Pufferzonen, schaffen. Man erkannte, daß ein mehrschaliger Aufbau, vergleichbar mit dem von Zwiebeln oder Knospen, gegen starke Temperaturschwankungen schützt. Als Wärmefallen unter Ausnutzung des Treibhauseffektes wurden sie gleichzeitig auch zu wesentlichen Bestandteilen der heute so aktuellen passiven Sonnenenergienutzung. Im Frühjahr und Herbst und selbst an einigen sonnenreichen Tagen im Winter können die Pufferzonen als solares Heizsystem genutzt werden. Dabei wird die eingestrahlte Sonnenwärme tagsüber durch Öffnen der Türen und Fenster den dahinterliegenden Räumen zugeführt. Nachts läßt sich der Wärmeabfluß verzögern, indem die Fenster und Türen zum Wintergarten wieder geschlossen werden. Beheizt wurden die damaligen Wintergärten nur, wenn sie auch zum „Überwintern" frostempfindlicher Pflanzen dienten.

Weg von rein pragmatischen Überlegungen und hin zu Utopien reiner Glasarchitektur entwickelte dann vor allem der Kreis um Bruno Taut Visionen aus Stahl und Glas, die in einigen wenigen Bauwerken ihren Niederschlag fanden.

Bruno Taut (Deckname „Glas"):
Glaspavillon der Werkbundausstellung in Köln; 1914

Im Dritten Reich wurden die gläsernen Offenbarungen dann schnell in die Schublade verbannt. Massive, wehrhafte Trutzburgen mit schießschartengroßen Fenstern waren fortan oberstes Gebot.

Wenn Glas den Bauhaus-Architekten als Synonym der Freiheit galt, so fanden sich in der Aufbruchzeit der späten 60er Jahre genügend Beweggründe, an diese Tradition wieder anzuknüpfen. Hinzu kamen neue Impulse aus Nordamerika, wo sich bereits eine Schar von Solarhausarchitekten etabliert hatte. Die Idee des Wintergartens als Energiegewinnsystem wurde aufs neue geboren, diesmal eingebunden in komplette Solarhauskonzepte.

Ende der 70er Jahre plante man schließlich auch hierzulande ein großes Demonstrationsprojekt, mit dem die Bundesrepublik, bislang ein Entwicklungsland in Sachen Solararchitektur, den internationalen Anschluß finden sollte. Vom Bundesministerium für Forschung und Technologie gefördert, entstand am Rande der Stadt Landstuhl eine Solarhaussiedlung. Entwürfe, die dafür eingereicht wurden, hatten in erster Linie die vielfältigen Energiesparmöglichkeiten angewandter Solararchitektur zu berücksichtigen.

Schon bald stellte sich jedoch heraus, daß sich jene Bauweisen, die unter dem Stichwort Solararchitektur in den USA gerade an Bedeutung gewannen, nicht ohne weiteres auf unsere Verhältnisse übertragen lassen.

Los Angeles liegt immerhin auf demselben Breitengrad wie Tunis und die Pfalz nicht in der Wüste New Mexicos. Und so war man einigermaßen enttäuscht, als die ersten Meßergebnisse über den Energiehaushalt des Landstuhl-Projektes publik wurden.

Die von manchen beschworenen spektakulären Gewinne durch passive Solararchitektur stellten sich nicht ein, einige Systeme entpuppten sich eher als Energieverschwender.

Schnell wurden die transparenten Flächen großer Verglasungen und Wintergärten als Schwachpunkt ausgemacht.

Vor allem bei beheizten Wintergärten summierten sich in der kalten Jahreszeit die Energieverluste. Herkömmliches Isolierglas, im Dämmwert ungefähr sechsmal schlechter als eine übliche Hauswand, erwies sich dabei als der Hauptschuldige. Auf der anderen Seite ließen sich diese Verluste durch passive Solargewinne nicht mehr wettmachen.

Dennoch war das Projekt Landstuhl ein Gewinn. Die Planungsaufträge ergingen vorwiegend an renommierte Architekturbüros, durch die man sich Innovationsfähigkeit und nicht zuletzt Beachtung in der Fachwelt versprach.

Die Planer griffen den zugestandenen Freiraum dankbar auf und revanchierten sich mit Entwürfen, die deutliche Kontrapunkte zum Einerlei der Nachkriegsarchitektur setzten.

Es entstand ein regelrechter Katalog richtungsweisender Solarhaustypologien, von deren gestalterischen Ideen man noch heute zehren kann.

Einführung

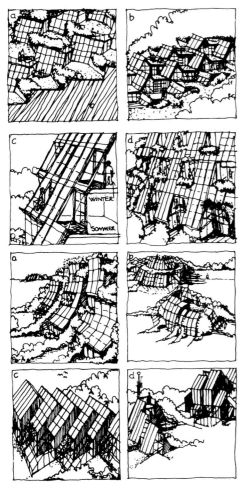

Per Krusche: Hausgruppen mit
Gewächshäusern und Kollektoren (1982)

E.Schneider-Wessling: Solarhaus Landstuhl (1983)

Einführung

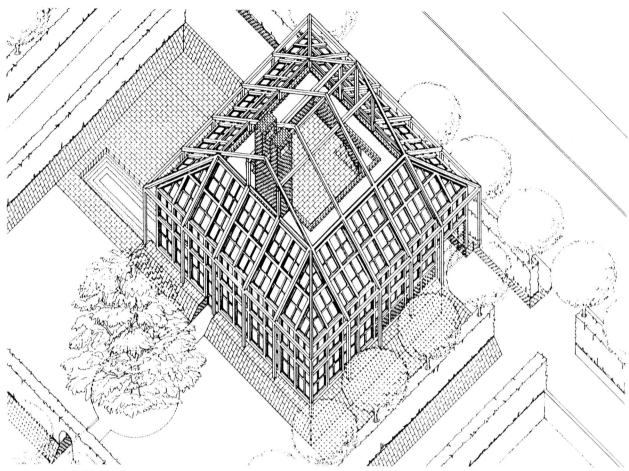

O. M. Ungers: Entwurf eines Solarhauses, Massivhaus mit übergestülptem Glashaus, „Projekt Landstuhl", 1977

Zu diesem Zeitpunkt setzt auch die Renaissance des Wintergartens ein, zunächst zögerlich und meist beschränkt auf sog. Alternativbauten, ab den 90er Jahren dann in vollem Umfang. Ab sofort galt: Wer etwas auf sich hält, peppt sein altes und zu eng gewordenes Haus mit einem Wintergarten auf. Gestalterische Belange bleiben dann meist auf der Strecke, eher schon stürzt der Glasanbau verkorkste Architektur noch vollends ins Verderben. Landauf, landab suchen verunglückte Glaskästen Halt an Fassaden – Hauptsache, Südseite gefunden!

Dem Wintergarten liegt ein weitverbreitetes Vorurteil zugrunde: daß Glasanbauten grundsätzlich Energiegewinnsysteme sein müssen. Doch gezielte Planung und Sachverstand sind nötig, um in der Heizperiode aus den transparenten Verlust- noch Gewinnflächen zu machen. Dazu gehören der Einsatz von hochwertigem Glas und temporärem Wärmeschutz sowie ein energiebewußtes Verhalten der Nutzer. Das meiste regeln heute schon hochwärmegedämmte Gläser, die sich

Der Ökowintergarten, ganz der Natur abgeschaut: Baumstarke Balken stützen hauchdünne Glasscheiben und wild wuchernde Wiesen

vom einfachen Floatglas zum vielschichtigen, multifunktionalen Bauteil gewandelt haben. So dokumentieren einzelne Beispiele in diesem Buch auch die rasante Entwicklung jener Gläser, die es gemäß Funktionsvielfalt in mehrfacher Hinsicht mit einer opaken Wand aufnehmen können. (siehe „Heliotrop", Seite 195).

Ebenso rasant weiterentwickelt haben sich die Konstruktionsweisen der Tragsysteme.

Dank CAD-Verfahren und neuer Materialien sind hier der gestalterischen Phantasie der Ingenieure kaum noch Grenzen gesetzt ...

Typischer Fertig-Wintergarten mit dem Charme einer Fertig-Garage

2 Fachbeiträge

Bauordnung

Baugenehmigung

Die Errichtung eines Wintergartens bedarf grundsätzlich einer Baugenehmigung. Die Bestimmungen sind der Bauordnung des zuständigen Bundeslandes zu entnehmen.

Heizung

Aufgrund der Zweckbestimmung eines Wintergartens ergibt sich, daß eine Beheizung nicht erforderlich ist. Die Vorschriften der Heizanlagenverordnung finden damit keine Anwendung.

Das Erfordernis zur Beheizung eines Wintergartens kann sich allenfalls im Winter bei extrem niedrigen Außentemperaturen und an Tagen ohne Sonneneinstrahlung ergeben, wenn der Wintergarten der Überwinterung von Pflanzen dienen soll. In diesem Fall bietet sich ein Einzelraumheizgerät an, das über das Hausstromnetz gespeist wird und nach Bedarf ein- oder ausgeschaltet werden kann.

Wärmegewinne aus Wintergärten (siehe unten) sind bei der Berechnung der bei der Bauaufsichtsbehörde vorzulegenden Berechnung des Heizwärmebedarfs zu berücksichtigen (DIN 4701). Dasselbe gilt für die Abstimmung des Wärmeerzeugers auf die erforderliche Heizlast.

Zuschüsse

Wintergärten, die der passiven Nutzung von Sonnenenergie dienen, werden zum Teil in den Ländern gefördert. Auskünfte erteilen die Wirtschafts– und Umweltministerien. Antragstellen sind die Bürgermeisterämter und Landratsämter.

Wärmeschutzverordnung

Abminderungsfaktor bei	
Einfachverglasung	0,7
Isolier- oder Doppelverglasung	0,6
Wärmeschutzverglasung ($k_F \leq 2{,}0 W/m^2 K$)	0,5

Tabelle 1: Abminderungsfaktoren nach Wärmeschutzverordnung für geschlossene, nicht beheizte Glasanbauten

Solare Wärmegewinne

Die neue Novelle zur Wärmeschutzverordnung (1.1.1995) berücksichtigt den zwangsläufig verminderten Transmissionswärmeverlust bei Fenstern, Türen und Außenwänden im Bereich eines Wintergartens durch einen entsprechenden Abminderungsfaktor bei der Berechnung (Ziff. 1.5.3 der Anlage 1 zur Nov. WärmeschutzV).
Die äquivalenten Wärmedurchgangskoeffizienten ($k_{eq,F}$) von außenliegenden Fenstern sowie Außentüren und die Wärmedurchgangskoeffizienten der im Bereich der Glasvorbauten liegenden Außenwandteile dürfen gemäß Tabelle 1 entsprechend vermindert werden.

Nach der Novelle zur Wärmeschutzverordnung kann die Berücksichtigung geschlossener, nicht beheizter Glasvorbauten auf den Wärmeschutz der außenliegenden Fenster und Außenwände auch nach den allgemein anerkannten Regeln der Technik erfolgen. Diese werden im Bundesanzeiger bekanntgemacht.

Die vorgenannte Regelung gilt ausdrücklich nur für unbeheizte Glasanbauten. Soll ein Glasanbau (Wintergarten) ganzjährig genutzt werden, so ist davon auszugehen, daß er in aller Regel auch beheizt wird.
Dann aber betrachtet die Verordnung die Außenhülle des Glasanbaus konsequent als Außenwand.
Das Gebäude einschließlich Glasanbau unterliegt somit der Wärmeschutzverordnung an den Jahresheizwärmebedarf.

Solare Wärmegewinne durch transparente Außenbauteile

Gemäß Wärmeschutzverordnung tritt für den rechnerischen Nachweis des baulichen Wärmeschutzes an die Stelle des Gebäudehüllverfahrens, bei dem lediglich die Transmissionswärmeverluste ermittelt werden, das Energiebilanzverfahren, in dem neben den Transmissionswärmeverlusten auch die Lüftungswärmeverluste sowie interne und solare Wärmegewinne bilanziert werden.
Damit wird erstmals durch Außenfenster und Außentüren in das Gebäude einströmende Solarenergie berücksichtigt. Solare Wärmegewinne durch nichttransparente Außenwände werden vernachlässigt und mit den regelmäßig auftretenden Wärmebrücken verrechnet.

Die Berücksichtigung solarer Wärmegewinne durch Außentüren und Außenfenster gilt allerdings nur für Gebäude mit normalen Innentemperaturen gemäß Tabelle 1 entsprechend. Bei Gebäuden mit niedrigen Innentemperaturen bleibt es bei der Ermittlung des Transmissionswärmebedarfes.

Solare Wärmegewinne dürfen nur dann berücksichtigt werden, wenn der Glasanteil des Bauteils mehr als 60% beträgt (Ziff. 1.6.4 der Anl. 1 zur WärmeschutzV). Die nutzbaren solaren Wärmegewinne werden entweder im Zusammenhang mit dem Wärmedurchgang durch die Fenster oder gesondert ermittelt. Dabei ist die Orientierung der Fenster zu der jeweiligen Himmelsrichtung maßgebend. Unter Orientierung ist eine Abweichung der Senkrechten auf die Fensterflächen zu verstehen.

Fenster in Dachflächen mit einer Neigung von mehr als 15° sind wie Fenster in Senkrechten zu behandeln. Fenster in Dachflächen mit einer Neigung von weniger als 15° sind wie Fenster mit Ost- und West-Orientierung zu behandeln.

Bei Fensteranteilen von mehr als 2/3 der Wandfläche darf der solare Gewinn nur bis zu dieser Größe berücksichtigt werden.

Sommerlicher Wärmeschutz

Als sommerlichen Wärmeschutz sieht die Wärmeschutzverordnung bei Gebäuden mit normalen Innentemperaturen eine Begrenzung des Energiedurchganges bei Sonneneinstrahlung vor, wenn das Gebäude mit einer raumlufttechnischen Anlage mit Kühlung ausgestattet ist oder einen Fensterflächenanteil von 50% und mehr je Fassade aufweist (§ 3 Abs. 3 Nr. 4 WärmeschutzV; Ziff. 5 der Anl. 1 zur WärmeschutzV). Die Begrenzung ergibt sich aus dem Produkt aus dem Gesamtenergiedurchlaßgrad (g_F) einschließlich zusätzlicher Sonnenschutzeinrichtungen und dem Fensterflächenanteil (f). Bei beweglichem Sonnenschutz in geschlossenem Zustand darf der Wert 0,25 nicht überschritten werden. Ausgenommen sind nach Norden orientierte oder ganztägig verschattete Fenster. Für die Berechnung des Gesamtenergiedurchlaßgrades sind die entsprechenden allgemein anerkannten Regeln der Technik heranzuziehen.

Das passive Solarsystem

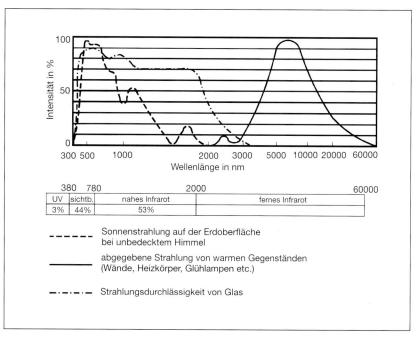

Bild 2: Strahlungsdiagramm

Die Sonnenstrahlung, auch Globalstrahlung genannt, die durch die Atmosphäre hindurch auf die Erdoberfläche gelangt, hat ein Spektrum unterschiedlicher Wellenlängen (siehe Bild 2), wobei es sich um kurzwellige Strahlung handelt.

Der Anteil des sichtbaren Lichtes (λ = 380 nm – 780 nm) beträgt etwa 44%, ungefähr 53% die kurzwellige Wärmestrahlung im s.g. nahen Infrarotbereich ($\lambda \geq 780$ nm). Der Restanteil von ca. 3% ist das ultraviolette Licht ($\lambda \leq 380$ nm), eine Strahlung, die man nicht sehen und nicht fühlen kann, deren Wirkung auf den Körper man aber indirekt erfährt (Bräunung und Sonnenbrand).

Die Wärmeübertragungsvorgänge in Verglasungen unter Einwirkung von Sonnenstrahlung beruhen auf der Eigenschaft des Glases, einen bestimmten kurzwelligen Strahlungsanteil, nämlich die wärmewirksame nahe Infrarotstrahlung, fast ungehindert durchzulassen (primäre Energielieferung/siehe Bild 3). Für die langwellige, ferne Infrarotstrahlung (Sekundär- oder Körperstrahlung) im Bereich λ = 5.000 bis 10.000 nm sind Verglasungen dagegen praktisch undurchlässig. Ein weiterer geringer Teil der auftreffenden Strahlung wird teilweise direkt reflektiert und teilweise vom Glas absorbiert bzw. in Form von sekundärer, langwelliger Energieabstrahlung und Konvektion nach innen und außen wieder abgegeben.

Der g-Wert

Im Wintergarten trifft die kurzwellige Strahlung auf Boden, angrenzende Hauswand, Möbel und andere Einrichtungsgegenstände, die sich dadurch erwärmen. Im Bestreben, wieder einen

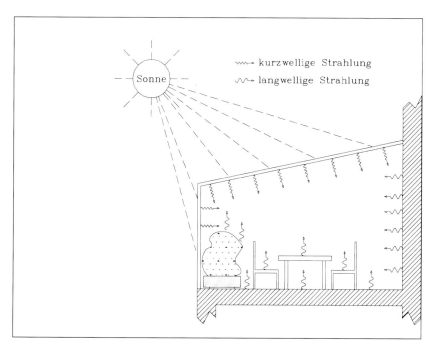

Bild 1: Prinzip der passiven Solarenergiegewinnung (Treibhauseffekt)

Gläser

Temperatur-Gleichgewichtszustand herzustellen, geben diese wiederum selbst Wärme ab, und zwar im langwelligen, fernen Infrarotbereich (λ = 5.000 bis 10.000 nm). Aus Bild 1 wird ersichtlich, daß die langwellige Infrarotstrahlung von der Verglasung nicht mehr nach außen durchgelassen wird. Dieser Effekt wird zur passiven Solarenergiegewinnung genutzt und führt zur sukzessiven Aufheizung des Glasanbaus. Selbst an sonnenlosen Tagen erzeugt die sog. diffuse Strahlung im Glashaus Wärme, immerhin noch bis zu 50% gegenüber der direkten Sonnenstrahlung. Eine charakteristische Größe, mit der die Durchlässigkeit eines transparenten Bauteils für die wärmewirksame Sonnenstrahlung angegeben wird, ist der g-Wert (Gesamtenergiedurchlaßwert).

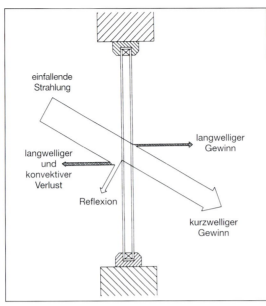

Bild 3: Strahlungsdurchgang durch Verglasungen

Der k-Wert

Ein weiterer Parameter für die passive Solarenergiegewinnung ist der k-Wert eines transparenten Bauteils. Er gibt die Wärmemenge an, die pro Zeiteinheit, Flächeneinheit und Kelvin Temperaturdifferenz durch die Scheibe hindurch von innen nach außen gelangt (= Wärmetransport).

Die Wärmeübertragungsvorgänge durch Glas erfolgen zu etwa 70% in Form von Strahlung und zu ca. 30% durch Leitung und Konvektion. Wärmeverluste infolge von Leitung und Konvektion lassen sich durch die geeignete Wahl der Scheibenzwischenraumbreite und den Austausch der im SZR eingeschlossenen Luft gegen ein Gas mit geringerer Wärmeleitfähigkeit, z.B. Argon, nur bedingt reduzieren. Eine drastische Verringerung der Wärmeverluste ergibt sich dagegen durch Minimierung der Strahlungsverluste. Dies geschieht heute durch Aufbringen einer gering emittierenden Beschichtung auf der Basis von Silber (Ag) auf einer dem SZR zugewandten Scheibenoberfläche. Mit dieser Beschichtung wird die Emissivität der Glasscheibe (Abstrahlungsneigung bzw. Strahlungsverluste) von einem Wert ε=0,84 (Floatglas) auf Werte von $\varepsilon \leq 0,1$, d.h. einen Faktor 10 reduziert (Bild 5).

Gläser

Wärmeschutzverglasung

Mit beschichteten Low-E-Gläsern (sog. Wärmeschutzgläsern) können die Strahlungsverluste, wie zuvor beschrieben, entscheidend verringert werden. Während die k-Werte für gängige Isoliergläser bis vor kurzem noch bei 3,0 W/m²K lagen, weisen Wärmeschutzgläser einen k-Wert zwischen 1,3 und 1,5 W/m²K auf. Inzwischen wurden bereits Gläser mit k-Werten unter 1,0 bis zur Serienreife entwickelt, doch bleibt der Einsatz solch hochwertiger Gläser auf Grund der Kosten bislang vorwiegend auf sog. Niedrigenergie- und Nullenergiehäuser beschränkt. Wärmeschutzgläser dagegen setzen sich auch im Wintergartenbau immer mehr durch. Vor allem für integrierte Wintergärten, die thermisch nicht vom Wohnbereich getrennt sind und ganzjährig genutzt werden, empfiehlt sich die Wärmeschutzverglasung. Einige Beispiele im Buch belegen dies.

Die höheren Oberflächentemperaturen der Wärmeschutzgläser (s. Tabelle 3) bewirken u.a., daß der Aufenthalt in der Nähe der Verglasung behaglicher wird, die Scheiben weniger zum Beschlagen neigen und fensternahe Pflanzen weniger Schäden zeigen.

Neben dem Wärmeschutz lassen sich mit neuentwickelten Gläsern noch eine Reihe weiterer Eigenschaften steuern, wie Sonnenschutz, Lichtlenkung, Brandschutz, Schallschutz etc. Selbst die Bündelung von Sondereigenschaften in nur einer Doppelscheibe ist möglich. Insbesondere im Bereich von Glasanbauten werden diese Eigenschaften mehr und mehr genutzt (siehe Projektbeispiele „Postmuseum Frankfurt", „Museum für Hamburgische Geschichte", „Ökohof Frankfurt").

Energiebilanzen

Die Entwicklung edelmetallbeschichteter Wärmeschutzgläser hat es ermöglicht, daß zum einen der Wärmeschutz transparenter Bauteile verbessert, zum anderen mit einem hohen Gesamtenergiedurchlaßgrad Solargewinne erzielt werden können.

In der Literatur wird daher zur Erfassung der tatsächlichen Energiebilanz einer Verglasung der „äquivalente Wärmedurchgangswert" k_{eq} eingeführt. Er beschreibt die Wärmeverluste, die sich bei gleichzeitiger Berücksichtigung des Wärmegewinns durch die Sonneneinstrahlung und die Wärmeverluste infolge des k-Wertes ergeben:

$$k_{eq} = k - S \cdot g$$

(S = Strahlungsgewinnkoeffizient in [W/m²K])

Unter optimalen Voraussetzungen ergeben sich für verschiedene Himmelsrichtungen folgende Werte für S:

– Norden: S = 1,2 W/m²K
– Osten/Westen: S = 1,8 W/m²K
– Süden: S = 2,4 W/m²K

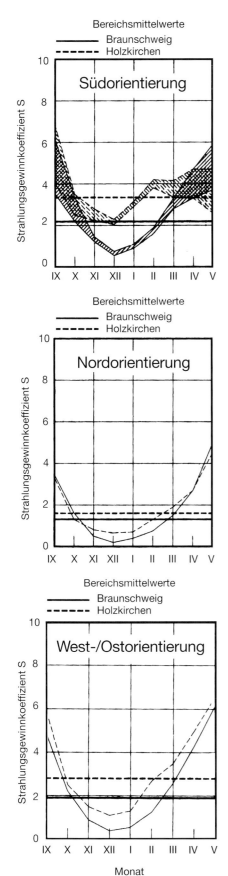

Bild 4: Strahlungsgewinnkoeffizient S über die Monate September bis Mai in Abhängigkeit der Glasflächenorientierung am Beispiel der Orte Braunschweig und Holzkirchen (Quelle: Fraunhofer-Institut für Bauphysik, Stuttgart)

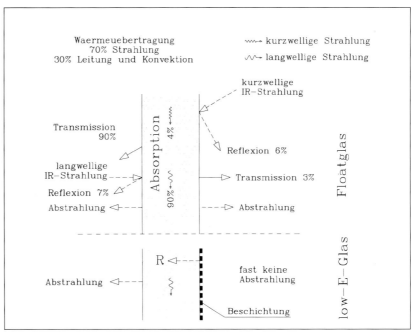

Bild 5: Wärmeübertragungsvorgänge von Floatglas und Low-E-Glas

Mit diesen Angaben können dann bei bekanntem k- und g-Wert (Herstellerangaben) die jeweiligen k_{eq}-Werte berechnet werden.

Für die verschiedenen üblichen Glasarten ergeben sich die Werte entsprechend der nachfolgenden Tabelle.

Kennzahlen		Einfachglas	Standardisolierglas	Wärmeschutzisolierglas
k-Wert		5,80	3,00	1,30
g-Wert		0,83	0,77	0,63
k_{eq} Wert bei Orientierung nach	Norden	4,80	2,07	0,54
	Osten/Westen	4,30	1,61	0,17
	Süden	3,81	1,15	–0,21

Tabelle 2: Vergleich der k_{eq}- Werte von Isolierglas Standardausführung mit Wärmeschutzglas in Abhängigkeit der Gebäudeorientierung

Wie aus dieser Aufstellung ersichtlich ist, ergibt sich für Wärmeschutzgläser bei einem k-Wert von 1,3 W/m²K und Südorientierung unter optimalen Voraussetzungen ein Energiezugewinn, d.h. die Wärmeverluste durch die Verglasung hindurch sind geringer als die Wärme, die durch das Glas in das Rauminnere gelangt.

Sonnenschutzgläser

Sonnenschutzgläser sollen den Anteil der Sonneneinstrahlung, die in das Innere eines verglasten Raumes gelangt, deutlich verringern.

Je nach Einsatzzweck wird von Sonnenschutzgläsern zudem eine hohe oder niedrige Lichtausbeute verlangt. Die Wärmeverluste sollen dagegen möglichst gering sein. Insgesamt bedeuten diese Anforderungen einen möglichst niedrigen g-Wert in Kombination mit einem niedrigen k-Wert und einer entweder möglichst hohen oder niedrigen Lichttransmission LT.

Funktionsweise

Der Forderung nach einer Verminderung des g-Wertes wird in der Praxis nachgekommen durch eine Erhöhung der Reflexion und/oder der Absorption der Sonneneinstrahlung durch die Verglasung.

Je nachdem, welche der beiden Funktionsweisen überwiegt, wird das Sonnenschutzglas als Reflexionsglas oder als Absorptionsglas bezeichnet.

Gläser

Reflexionsgläser

Die erhöhte Reflexion eines Sonnenschutzglases wird erreicht durch das Aufbringen einer entsprechenden Beschichtung auf einer Glasoberfläche. Wird die Beschichtung im Magnetronverfahren aufgebracht und enthält sie eine Funktionsschicht aus elementarem Silber, dann spricht man von einer sog. „Weichschicht". Eine solche Weichschicht befindet sich auf der dem Scheibenzwischenraum zugewandten Oberfläche der Außenscheibe. Bei Beschichtungen ohne eine Silber-Funktionsschicht (sog. „Hartschicht") ist theoretisch auch ein Einsatz auf der äußeren Oberfläche der Außenscheibe möglich.

Da das sichtbare Licht vollständig im Sonnenspektrum enthalten ist, bedeutet die erhöhte Strahlungsreflexion gleichzeitig eine Erhöhung der Reflexion LR des sichtbaren Lichts. Einerseits ergibt sich hieraus der optische Eindruck eines Sonnenschutzglases mit einer stark spiegelnden Wirkung, andrerseits bedeutet die erhöhte Lichtreflexion auch eine Verminderung der Lichttransmission. Wird von einem Sonnenschutzglas neben einem kleinen g-Wert auch eine hohe Lichttransmission erwartet, so ist dies also nur in eingeschränktem Umfang möglich. Der Farbeindruck wird dadurch erzielt, daß im sichtbaren Bereich nicht alle Wellenlängen gleich stark absorbiert werden. Tabelle 4 zeigt die Werte eines solchen reinen Reflexionsglases im Vergleich zu Isolierglas in Standardausführung.

Kombination von Sonnenschutz und Wärmeschutz

Sonnenschutzgläser, deren Beschichtung eine Silber-Funktionsschicht enthält, erfüllen neben der Forderung nach einem verminderten g-Wert auch die nach einem verminderten k-Wert, sie sind also echte Multifunktionsgläser. Tabelle 5 zeigt die technischen Werte eines solchen Multifunktionsglases mit Gasfüllung. Bei Sonnenschutzgläsern, deren Beschichtung keine Silber-Funktionsschicht enthält, ist die Kombination der Funktionen Sonnenschutz und Wärmeschutz möglich, wenn als Innenscheibe ein Low-E-beschichtetes Glas eingesetzt wird.

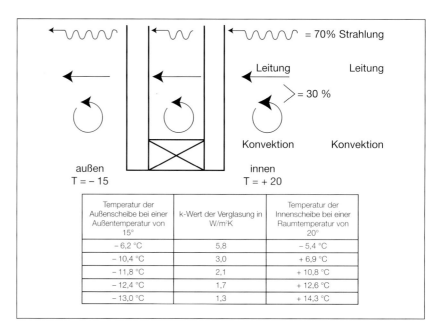

Temperatur der Außenscheibe bei einer Außentemperatur von 15°	k-Wert der Verglasung in W/m²K	Temperatur der Innenscheibe bei einer Raumtemperatur von 20°
– 6,2 °C	5,8	– 5,4 °C
– 10,4 °C	3,0	+ 6,9 °C
– 11,8 °C	2,1	+ 10,8 °C
– 12,4 °C	1,7	+ 12,6 °C
– 13,0 °C	1,3	+ 14,3 °C

Tabelle 3: Wärmeübertragungsmechanismen und Scheibenoberflächentemperaturen bei Isoverglasungen

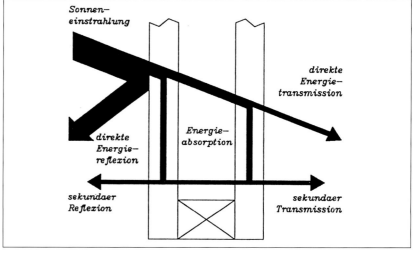

Bild 6: Reflexionsglas

Eigenschaft	Isolierglas 4/12/4	Reflexionsglas (silber)
Lichttransmission in %	82	58
g-Wert in %	77	59
k-Wert in W/m²K	3,0	3,0

Tabelle 4: Vergleich von Isolierglas in Standardausführung mit einem reinen Reflexionsglas

Eigenschaft	Isolierglas 4/12/4	Wärmeschutz-/Sonnenschutzglas
Lichttransmission in %	82	55
g-Wert in %	77	41
k-Wert in W/m²K	3,0	1,6

Tabelle 5: Vergleich von Isolierglas in Standardausführung mit einem Reflexionsglas mit gleichzeitigem Wärmeschutz

Absorptionsgläser

Die Funktionsweise der Absorptionsgläser beruht überwiegend auf der Verminderung der Transmission der Sonnenstrahlung, indem deren Absorption erhöht wird. Dies geschieht nicht durch eine Beschichtung, sondern dadurch, daß dem Gemenge für das Glas der Außenscheibe Komponenten beigegeben werden, die eine solche höhere Absorption bewirken. Optisch macht sich das durch eine stärkere Eigenfarbe des entsprechenden Glases bemerkbar.

Man spricht daher auch von „im Volumen eingefärbten Gläsern". Eine Verminderung des k-Wertes ist durch den Einsatz solcher Gläser im Isolierglas-Aufbau nicht möglich. Hierzu ist wiederum die Kombination mit einer Low-E-beschichteten Scheibe notwendig. Tabelle 6 zeigt die Werte eines Absorptionsglases ohne Low-E-Beschichtung mit Luftfüllung und eines Absorptionsglases mit Low-E-Beschichtung und mit Gasfüllung.

Beim Einsatz von Absorptionsgläsern ist insbesondere die im Vergleich zu Floatglas deutlich stärkere Aufheizung des Glases bei Einwirkung von Sonnenstrahlung zu berücksichtigen. In den als kritisch bekannten Situationen einer Teilbeschattung treten im Glas besonders hohe Temperaturdifferenzen auf, weshalb in jedem Einzelfall die Notwendigkeit einer Vorspannung des Glases ernsthaft geprüft werden sollte. Ähnlich wie Absorptionsgläser verhalten sich in dieser Beziehung auch solche Sonnenschutzgläser, bei denen die Wirkung durch eine beidseitige Beschichtung einer Scheibe erzielt wurde.

Äquivalente k-Werte von Sonnenschutzgläsern

Die vereinfachte Gewinn- und Verlustbilanz für Sonnenschutzgläser weicht von Wärmeschutzgläsern naturgemäß wegen der gebündelten Anforderungen ab. Der Schwerpunkt liegt darin, daß die erzielbaren passiven Gewinne geringer ausfallen als bei einem Wärmeschutzglas. Tabelle 7 zeigt die äquivalenten k-Werte der vorgenannten Sonnenschutzgläser.

Kennzahlen von Sonnenschutzgläsern

Neben Lichttransmission, g-Wert und k-Wert sind noch einige weitere interessante technische Daten von Sonnenschutzverglasungen zu nennen:

– Lichtreflexionwert LR (Grad der Verspiegelung),
– b-Faktor (Faktor zur Berechnung der Kühllasten nach VDI–Richtlinie 2078)
– Selektivitätskennzahl S
 (= Quotient aus g-Wert und Lichttransmission LT).

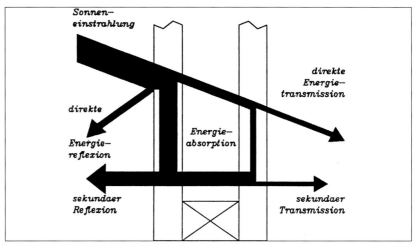

Bild 7: Absorptionsglas

Eigenschaft	Isolierglas 4/12/4	Absorptionsglas	Absorptions-/Wärmeschutzglas
Lichttransmission in %	82	65	59
g-Wert in %	77	49	40
k-Wert in W/m²K	3,0	3,0	1,5

Tabelle 6: Vergleich von Isolierglas in Standardausführung mit Absorptionsgläsern

Verglasung	g-Wert in %	k-Wert W/m²K	k_{eq}-Wert in W/m²K		
			Nord	Ost/West	Süd
Isolierglas 4/12/4	77	3,0	2,27	1,73	1,15
Reflexionsglas (silber)	59	3,0	2,44	2,03	1,58
Sonnenschutzglas (Reflexion)	49	3,0	2,53	2,19	1,82
Sonnenschutz-/(Absorptions-)Wärmeschutzglas	40	1,5	1,12	0,84	0,54

Tabelle 7: Äquivalente k-Werte von Sonnemschutzgläsern

Energiesparmaßnahmen mit Glasanbauten

Eine experimentelle Untersuchung

Um Energieeinsparungen mit Glasanbauten besser vorherbestimmen zu können, wurden am Fraunhofer Institut für Bauphysik in Holzkirchen an zwei in Größe und Bauart identischen Einfamilienhäusern bauphysikalische Messungen verschiedener passiver Energiesparmaßnahmen durchgeführt. Eines der Häuser wurde baulich verbessert, das andere diente jeweils als Vergleichsobjekt. So konnten in einem direkten Vergleich die thermischen und energetischen Auswirkungen bestimmter Maßnahmen unter natürlichen Klimabedingungen genau bestimmt werden. Im Mittelpunkt standen solche baulichen Maßnahmen, mit denen die Sonne auf passivem Wege besser genutzt werden sollte. Insbesondere wurde der Einfluß von unterschiedlich orientierten Glasvorbauten auf die Energiebilanz gemessen. Abschließend wurde eine Prioritätenliste zum effektiven Energiesparen aufgestellt, die bei jeder Gebäudeinvestition beachtet werden sollte.

Die Versuchshäuser

Die beiden unbewohnten Gebäude standen auf einem Versuchsgelände in unverbauter Lage im Alpenvorland auf 680 m.ü.M. Bis zu 280 Meßpunkte wurden installiert, die sowohl meteorologische als auch bauphysikalische Größen registrierten. Die hier vorgestellten Ergebnisse beziehen sich auf das Erdgeschoß. Als Solltemperatur wurden 20 °C angenommen. Der Keller wurde auf 18 bis 19 °C temperiert, das Dachgeschoß wurde als „unausgebaut" betrachtet. Die Gebäude waren auf Grund der monolithischen Außenwand aus Leichtziegeln sowie der Stahlbetondecke und den Zwischenwänden aus Hochlochziegeln als schwer einzustufen. Sie sind typisch für die in Deutschland vorherrschende massive Bauweise. Die nachfolgende Tabelle zeigt zusammenfassend die wichtigsten Hauskennwerte. Das Flächen-Volumen-Verhältnis und der mittlere k-Wert lagen innerhalb der Grenzwerte der Wärmeschutzverordnung von 1984. Beim Vergleichshaus waren lediglich die Südfenster groß gewählt. Die doppelisolierverglasten Fenster waren mit Rollos versehen.

Es wurden Messungen mit drei verschiedenen Heizsystemen durchgeführt: mit einer Konvektor-, einer Radiator- und einer Fußbodenheizung. Aus versuchstechnischen Gründen erfolgte die Heizwasserbereitung jeweils elektrisch.

Auswirkungen von Glasvorbauten (Orientierung von Trennflächen)

Die Energieeinsparung durch den an der gesamten Südfassade angebrachten Glasvorbau betrug bei den genannten Randbedingungen ca. 12% gegen über dem Heizenergieverbrauch des Vergleichshauses. Interessant ist, daß auch mit einem Glasanbau an der Nordseite Energie eingespart werden konnte. Der dort angebrachte halb so große Glasvorbau bewirkte eine Einsparung von ca. 4%. Bei gleicher Glashausgröße betrug der Einspareffekt ca. 60 bis 70% der Südseite. Diese Sparbilanz fällt auf der Nordseite umso besser aus, je größer die Fensterfläche ist, die das Kernhaus vom Glasvorbau trennt. Bei den nach Süden hin orientierten Glasvorbauten spielt die Größe der Glastrennflächen keine Rolle, wie die nachfolgende Abbildung verdeutlicht. Die absolute Einsparung ist dann am größten, wenn es sehr kalt und weniger strahlungsreich ist, z.B. in den Monaten Dezember/Januar.
Die prozentualen Einsparquoten belegen, daß Glasvorbauten vor allem für die Übergangszeiten Energie einsparen helfen.

Wohnfläche [m²]	81,7
Flächen-Volumen-Verhältnis [m⁻¹]	1,1
mittlerer k-Wert [W/m²K]	0,64
Wärmespeicherfähigkeit pro m² Wohnfläche [Wh/m²K]	170
Wärmebedarf nach DIN 4701 [kW]	6,32
spezifischer Wärmebedarf [W/m²]	77,4
Grundfläche des Einzelglasvorbaus [m²]	10,64
k-Wert [W/m²K] der Glasvorbauverglasung	2,8
vom Vorbau überdeckte Fassadenfläche des Kernhauses in [m²]	16,3

Tabelle 8: Kennwerte der Experimentierhäuser und des Glasvorbaus

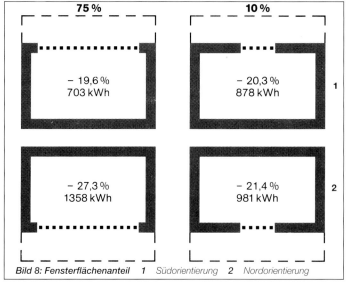

Bild 8: Fensterflächenanteil   1 Südorientierung   2 Nordorientierung

Absolute und prozentuale jährliche Heizenergieeinsparung eines Modellraumes mit Glasvorbau gegenüber einem ohne Glasvorbau. Die Fenstertrennfläche zum Glasvorbau ist dabei unterschiedlich groß.

Feuchtetechnisches Verhalten

In seinem feuchtetechnischen Verhalten unterscheidet sich der Glasvorbau auf der Nordseite in den Wintermonaten deutlich von dem auf der Südseite. Bei südorientiertem Glasvorbau mit mäßiger Bepflanzung (kein „Gewächshaus") erweist sich das Tauwasser als nicht problematischer als bei herkömmlichen Fenstern, d.h. zu gewissen Zeiten tritt Tauwasser an den Innenseiten der Scheiben auf, das aber tagsüber meist wieder verdunstet. Auf der Nordseite dagegen hängt die Situation davon ab, ob ein Feuchteproduzent für längere Zeit im Glasvorbau ist. Selbst geringe Feuchtezufuhr, sei es durch Menschen oder Pflanzen, bewirkt Tauwasserausfall bzw. Reifbildung auch bei Isolierverglasung in den Wintermonaten November bis März. In den Übergangs- und Sommermonaten gibt es durch mögliche direkte Sonneneinstrahlung kaum Tauwasserprobleme. Unsinnig ist eine künstliche Heizung in einem Glasvorbau, wenn man kein tropisches Gewächshaus betreiben und den Wintergarten nicht bewohnen will.
Kurzzeitige Minusgrade sind für viele, insbesondere einheimische Pflanzen erträglich, wenn das Wurzelwerk vor Frost geschützt wird. Ein speicherfähiger Fußboden (z.B. 40 cm tiefer Kies) kann an sehr kalten Wintertagen eine allzu große Abkühlung des Glasvorbaus verhindern.

Einfluß der Dachschrägendämmung am Glasvorbau

Da Verglasungen im Dachschrägenbereich im Vergleich zu vertikal angeordneten Flächen auf Grund von Sicherheitsbestimmungen aufwendiger sind, stellt sich die Frage, inwieweit es sinnvoll ist, die Verglasung der Dachschräge zu verkleinern und den Rest der Schräge mit einer wärmedämmenden, nicht verglasten Fläche zu versehen. Bild 10 zeigt die Heizenergieeinsparungen gegenüber dem Vergleichshaus bei unterschiedlichen Anteilen der nicht verglasten Flächen in der Dachschräge des Südglasvorbaus.

Während eine Abdeckung von 36% den Einspareffekt nur um knapp zwei Prozent mindert, hebt eine volle Abdeckung der Dachschräge die Energieersparnis fast auf. Das Ergebnis zeigt, daß es sehr sinnvoll ist, die Schräge des Glasvorbaus zu etwa einem Viertel bis zu einem Drittel abzudecken. So ensteht im Sommer Schatten, ohne daß der Energiespareffekt nennenswert beeinflußt wird.

Warmluftnutzung

Die warme Luft aus dem Glasvorbau direkt zu nutzen, ist erstrebenswert. Allerdings ist der zusätzliche Spareffekt relativ gering, so daß die Mehraufwendungen nicht lohnen. Lediglich 6% Energie ließen sich bei den Versuchsgebäuden mit der gezielter Weiterverwendung der Warmluft von 22 – 35°C (150 m^3/h) im Jahresdurchschnitt einsparen.
Warmluftnutzung ist dann zu empfehlen, wenn die Luft in ein Speichersystem (z.B. Hohldecken) eingeführt wird und zeitversetzt die Wärme an die Räume des Kernhauses abgeben kann.

Passive Solarenergienutzung im Vergleich

Im Vergleich zu den Spareffekten von Dämmaßnahmen und entsprechend ausgelegten Heizsystemen schneiden die oben diskutierten Glasanbauten schlechter ab.
Wie die Prioritätenliste zeigt, steht an erster Stelle aller Energiesparmaßnahmen nach wie vor die Wärmedämmung eines Hauses.
Mit anderen Worten: Maßnahmen der passiven Solarenergienutzung sind nur eine zusätzliche Möglichkeit der Energieeinsparung. Sie ersetzen nicht die Wärmedämmung.

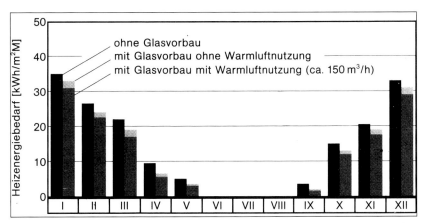

Bild 9: Jahresverlauf des monatlichen Heizenergiebedarfs mit und ohne Südglasvorbau bzw. mit und ohne Warmluftnutzung aus dem Glasvorbau

nicht transparenter Anteil der Schräge	Einsparung [kWh]	[%]	nicht transparenter Anteil der Schräge	Einsparung [kWh]	[%]	nicht transparenter Anteil der Schräge	Einsparung [kWh]	[%]
0 %	1670	– 13,6	36 %	1452	– 11,8	100 %	237	– 1,9

Bild 10: Einfluß des nichtverglasten Anteils (k= 0,3 W/m^2 K) in der Dachschräge des südorienterten Glasvorbaus auf die Heizenergieeinsparung gegenüber einem Haus ohne Glasvorbau

Energiesparmaßnahmen

	Maßnahme	Nebenaspekt
1	Dämmung der Gebäudehülle – Priorität nach Flächenanteil des Außenbauteils – Beachtung aller Außenflächen – Beachtung baukonstruktiver Grenzen – Vermeidung von Wärmebrücken	Abstimmung der Einzelmaßnahmen; Beachtung der Kombinationsmöglichkeit; keine Extremwerte nötig Beachtung von Wärmebrücken
2	Bedarfsgerechte Auslegung des Heizungssystems (Vermeidung von Überdimensionierung) – Auswahl des Heizungssystems unter Beachtung des Entwicklungsstandes – Niedertemperatursystem – gute Regelung	Wahl der Heizflächen von untergeordneter Bedeutung (teilweise offene Fragen)
3	Minimierung der Lüftungswärmeverluste unter Beachtung von Mindestluftwechsel – Dichtheit mit bewußtem Lüftungsverhalten – Wärmerückgewinnung mit mechanischer Belüftung	Beachtung hygienischer Gesichtspunkte
4	Einbeziehung passiver Solarnutzung – Südfenster – Glasvorbau	Nutzung, Lageplan, Orientierung, Gebäudeform, Topographie, Speicherfähigkeit des Gebäudes
5	Warmluftnutzung aus Glasvorbauten	Beachtung des Entwicklungsstandes hybrider Systeme, Notwendigkeit der Zwischenspeicherung
6	Kompaktheit des Gebäudes	begrenzt durch Haustyp und Grundrißwunsch
7	Zonierung des Gebäudes	begrenzt durch Haustyp und Grundrißwunsch
8	Farbe der Fassade, d.h. hohe Strahlungsabsorptionsfähigkeit auf der Südseite	hohe Außenoberflächentemperatur im Sommer, Gefahr der Rißbildung bei Außenputzen

Tabelle 9: Prioritätenliste für energiesparende Maßnahmen im Wohnungsbau aus der Sicht der Bauphysik

Wirtschaftliche Effizienz im Hausbau

Damit Energiesparmaßnahmen im Hausbau auch betriebs- und volkswirtschaftlich durchsetzbar sind, soll mit möglichst geringem Aufwand (Investitionskosten) ein möglichst hoher Ertrag erreicht werden. Bildet man den Quotienten aus einmaligen Investitionskosten zur jährlichen Energieeinsparung, kann die Effizienz der verschiedenen Maßnahmen abgeleitet werden (siehe Bild 11). Bei der Wertung der Kenngröße DM/(kWh/m²a) sollte der Energiepreis (derzeit ca. 0,05 bis 0,8 DM/kWh) immer vor Augen gehalten werden.

Das Bild zeigt, daß unter den dargestellten Energiesparmaßnahmen Wintergärten (vorgelagert und unbeheizt) mit einmaligen Investitionskosten von DM 20,– pro jährlich eingesparter Kilowattstunde in der kombinierten Energie- und Kostenbilanz mit Abstand am ungünstigsten abschneiden.

Änderungen wie der Einsatz einer Wärmeschutzverglasung statt einer herkömmlichen Isolierverglasung, eine erhöhte Dämmung im Fußbodenbereich (hier von 4 auf 8 cm) sowie der Einsatz von Brennwerttechnik sind dagegen sehr effiziente Maßnahmen. Die mechanisch geregelte Lüftung mit Wärmerückgewinnung sowie der Einsatz von Sonnenkollektoren werden bei einer Investitionsentscheidung nach rein wirtschaftlichen Kriterien ebenso wie der Wintergarten eine untergeordnete Rolle einnehmen.

Nicht in den Berechnungen ist enthalten, daß Glasanbauten im Gegensatz zu den anderen genannten Energiesparmaßnahmen Gewinn an Nutzfläche bringen und zusätzliche Lebensqualität im Wohnbereich schaffen. Die Aussagen zur energetischen Nutzung der Glasanbauten sind zudem relativ, da das Verhalten der Bewohner einen erheblichen Einfluß auf den Energiehaushalt ausübt.

Wird beispielsweise der Glasanbau im Winter voll beheizt, kann der Wintergarten schnell zum Energieverschwender werden.

Wird dagegen die im Wintergarten gewonnene Solarwärme konsequent zur Beheizung des Kernhauses genutzt, ist eine Entlastung der Hausheizung in einer Größenordnung bis zu 35% möglich (siehe Projektbeispiel „Foliengewächshaus").

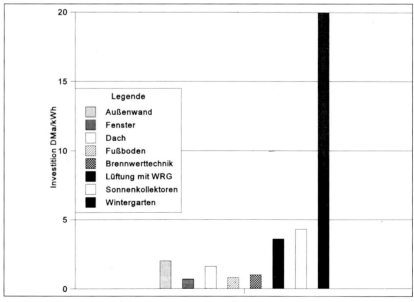

Bild 11: Wirtschaftliche Effizienz der verschiedenen Energiesparmaßnahmen (Quelle: Energiepaß nach Hauser/Hausladen)

Konstruktive Anforderungen

Jeder Wintergarten besteht aus einem Tragsystem und einer Außenhaut, wobei bei vielen Systemen das Tragsystem in die Außenhaut integriert ist.

Die Primärkonstruktion muß den anerkannten Regeln der Technik entsprechen und hat die Forderungen der Bauordnungen nach Standsicherheit für bauliche Anlagen zu erfüllen.

Das Glas ist dabei wesentlicher Bestandteil der Außenhaut und obwohl es nach dem heutigen Kenntnisstand für die Betrachtung des Tragverhaltens nicht herangezogen werden darf, ist eine Bemessung als Einzelteil notwendig.

Statische Überlegungen

In der Regel dient der Glasvorbau dem Aufenthalt von Personen. Die Lastannahmen sind deshalb nach DIN 1055 („Lastannahmen im Hochbau") zu treffen. Nur bei Gewächshäusern, die ausschließlich zur Betreuung von Kulturen betreten werden, dürfen die Lastannahmen nach DIN 11 535 („Gewächshäuser; Grundsätze für Berechnungen und Ausführung") angesetzt werden. Weitergehende Erläuterungen sind gegebenfalls den Landesbauordnungen zu entnehmen.

Der Wintergarten ist, im Unterschied zu Fenstern und Fensterwänden, ein räumliches Element mit Überkopfverglasung. Es besteht aus einem tragenden Rahmen und aus transparenten Ausfachungen aus Glas. Die Lasten müssen von der Rahmenkonstruktion getragen werden. Neben dem Eigengewicht und der Beanspruchung aus der Bedienung bilden die Verkehrslasten wie Wind und Schnee die Hauptbeanspruchungen für den Rahmen. Die Rahmenkonstruktion muß diese von der Verglasung an sie abgeleiteten horizontal und vertikal einwirkenden Kräfte sicher an die umliegenden Bauteile und Fundamente abführen. Die Verglasung ist dabei weder zur Ableitung von Kräften, die auf den Rahmen einwirken, noch zur Aussteifung der Rahmen bestimmt.

Die wesentlichen Punkte für die Bemessung des Glases und das Zusammenwirken mit dem Tragsystem sind in der nachfolgenden Abbildung erkennbar.

In der Regel werden Wintergärten einem bereits vorhandenen Kernhaus vorgelagert.
Das wesentlich elastischere Glashaus wird sich entsprechend anders verformen als der massivere Gebäudekern.

Die Verbindung zwischen Wintergarten und Kernhaus muß die Kräfte aufnehmen und die unterschiedliche Verformung zwängungsfrei ausgleichen. Die Ableitung der Horizontalkräfte kann, je nachdem welche Lage der Wintergarten in Bezug auf das Kernhaus einnimmt, durch verschiedene Maßnahmen erfolgen.

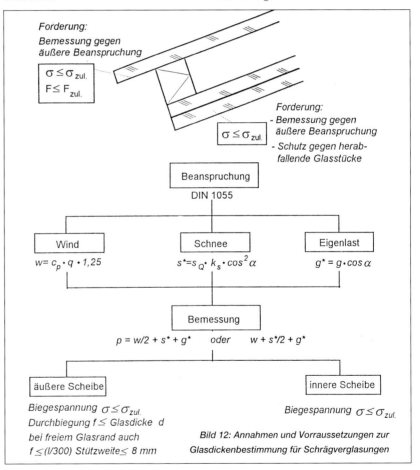

Bild 12: Annahmen und Vorraussetzungen zur Glasdickenbestimmung für Schrägverglasungen

w	Windlast
q	Staudruck (DIN 1055)
c_p	aerodynamischer Formbeiwert (DIN 1055)
s^*	Schneelast senkrecht zur Dachfläche
s_0	Regelschneelast (DIN 1055)
k_s	Abminderungswert in Abhängigkeit von der Dachneigung (DIN 1055)
g^*	Eigengewicht senkrecht zur Dachfläche
g	Eigengewicht
α	Neigungswinkel
p	Gesamtlast, maßgebend ist der ungünstigste Fall
$1,25$	Lasterhöhungsfaktor für Teilflächen (DIN 1055)

Konstruktive Anforderungen

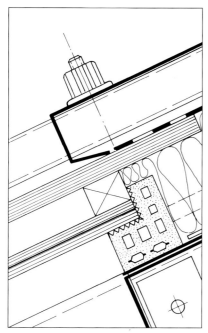

Bild 13: Isolierglas im Schrägbereich

Wird die Horizontallast nicht über das Kernhaus abgeleitet, kann sie durch Einspannen der Eckpfosten im Boden, durch Wandscheiben in den Eckfeldern oder durch Windverbände aufgenommen werden.

Bei der Festlegung der Verglasung sind die bauaufsichtlichen Vorschriften des jeweiligen Bundeslandes zu beachten. Als wichtigste Forderung für die Überkopfverglasung gilt, daß die raumseitigen Glasscheiben der Schrägverglasung splitterbindend auszuführen sind. Splitterbindende Verglasungen schützen Personen, die sich unter Schrägverglasungen aufhalten, vor Verletzungen durch herabfallende Glassplitter bei unplanmäßigem Glasbruch. Für Isolierglas bedeutet dies, daß die innere Scheibe in der Regel Verbundsicherheitsglas (= VSG; wie die Windschutzscheibe beim Auto) eingesetzt werden muß. Verbundsicherheitsglas sollte auch dann gewählt werden, wenn die Bauordnungen keine konkreten Aussagen treffen.

Für die äußere Scheibe des Isolierglases im Schrägbereich kann Normalglas oder Einscheibensicherheitsglas (=ESG; kleine Krümelbildung bei Zerstörung) gewählt werden. In Gebieten mit häufigem Hagel sollte unbedingt ESG gewählt werden, da ESG einen sehr großen Widerstand gegen mechanische äußere Einwirkungen besitzt. Desweiteren hat ESG die Eigenschaft, wesentlich höhere Temperaturwechsel zum Beispiel bei Schlagschatten auszuhalten.

Zur Bestimmung der Glasdicke werden die Beanspruchungen aus Wind, Schnee und Eigengewicht berücksichtigt, Wind und Schnee nach DIN 1055 („Lastannahmen im Hochbau") werden überlagert angenommen und der ungünstigste Fall angesetzt. Die Bemessung erfolgt für die äußere Scheibe auf die zulässige Biegespannung und auf die maximale Durchbiegung in Scheibenmitte. Als zulässige Materialspannungen können nach DIN 1249 Teil 10 („Flachglas im Bauwesen, chemische und physikalische Eigenschaften von Glas") folgende Werte angenommen werden:

– Spiegelglas (normales Floatglas)
  30 N/mm^2,
– Einscheibensicherheitsglas (ESG)
  50 N/mm^2,
– Gußglas mit Drahteinlage (Drahtglas)
  20 N/mm^2.

Die Glasdicke der inneren Scheibe wird nur auf die zulässige Biegespannung des jeweiligen Glasprodukts bemessen. Für die Rahmen gilt nach den Richtlinien der Isolierglashersteller, daß die bei Mehrscheibenisolierglas geforderte Randdurchbiegung von maximal 1/300 der Stützweite bzw. maximal 8 mm zwischen den Scheibenkanten nicht überschritten werden darf.

Allgemein ist festzustellen, daß die statischen Anforderungen und vor allem die Standsicherheit bei Wintergärten kein Problem darstellen. Bei marktüblichen Wintergartensystemen nach der Modultechnik liegen meistens typenstatikähnliche Berechnungen für viele Konstruktionsarten vor. Es ist jedoch ratsam, bei der Planung objektbezogener Wintergärten diesbezüglich den Fachmann zu befragen.

Tabelle 10: Vorbemessug von Glasdicken (mm) in Abhängigkeit von der Dachneigung und der Regelschneelast 0,75 kN/m^2
(außen: Normalglas; innen: Verbundsicherheitsglas)

Dachneigung	Sparrenabstand (cm)			
	80	90	100	110
0°	8	8	10	10
10°	8	8	10	10
20°	8	8	8	10
30°	6	6	8	10

Annahmen: Zweiseitige Lagerung
Eigengewicht = 250 n/m^2
Windlast = 0,6 kN/m^2
Regelschneelast = 0,75 kN/m^2

Tabelle 11: Vorbemessung von Glasdicken (mm) in Abhängigkeit von der Dachneigung und der Regelschneelast 1,25 kN/m^2
(außen: Normalglas; innen: Verbundsicherheitsglas)

Dachneigung	Sparrenabstand (cm)			
	80	90	100	110
0°	8	10	10	12
10°	8	10	10	12
20°	8	10	10	12
30°	8	8	10	10

Annahmen: Zweiseitige Lagerung
Eigengewicht = 250 n/m^2
Windlast = 0,6 kN/m^2
Regelschneelast = 1,25 kN/m^2

Anforderungen an die Außenhaut

Ausgehend vom Bewohner ist nur die Gebrauchstauglichkeit des Wintergartens, also seine Eignung für den Verwendungszweck, von Interesse.

Damit müssen alle Betrachtungen zur Außenhaut des Wintergartens die angrenzenden Gebäudeteile und insbesondere den Übergang von Wand zu Wintergarten miteinbeziehen. Der Wintergarten ist damit Bestandteil der Außenwand.

Als Bestandteil der Außenwand sind an den Wintergarten Anforderungen zu stellen aus:

– dem sommerlichen und winterlichen Wärmeschutz,
– dem Schallschutz, dem Schutz vor Witterungseinwirkung (Wind, Regen),
– der Sicherheit vor unbefugtem Zugang.

Neben diesen Aufgaben, die der Wintergarten mit der gesamten Außenwand gemeinsam hat, sind die speziellen Aufgaben der Außenhaut des Wintergartens zu nennen wie:

– Belichtung der Räume,
– Lüftung der Räume,
– Verbindung zur Umgebung.

Die Hauptbeanspruchung, die in der Regel auch die Nutzungsdauer des Wintergartens bestimmt, ist die Feuchtigkeit. Das Wasser wirkt dabei auf Wintergarten und angrenzende Bereiche ein, wie z.B.:
– von außen als Regenwasser,
– von der Raumseite als Wasser aus der Luftfeuchte.

Für die Beurteilung, ob und in welchem Umfang der Wintergarten den bisher beschriebenen Anforderungen gerecht wird, eignet sich das in Bild 14 dargestellte Modell. Dabei bedeuten:

1 Trennung von Raum– und Außenklima
2 Funktionsbereich (z.B. Wärme, Schall)
3 Wetterschutz

Diese Ebenen und Bereiche müssen in der Konstruktion erkennbar sein und folgenden Anforderungen genügen:

Ebene 1 (Trennung von Raum– und Außenklima)

Die Trennung muß in einer Ebene erfolgen, die über der Taupunkttemperatur des Raumklimas liegt. Diese Ebene muß über die gesamte Fläche der Außenwand erkennbar sein und darf nicht unterbrochen werden.

Ausgehend von einem Raumklima von 20 °C, 50% rel. Luftfeuchte, muß wegen der zugehörigen Taupunkttemperatur von 9,3 °C die Trennung in Bereichen über 10 °C liegen. Damit wird Tauwasser an der Oberfläche und in der Konstruktion vermieden. Für die Beurteilung der Gefahr der Tauwasserbildung ist der Isothermenverlauf sehr hilfreich.

Bereich 2 (Funktionsbereich)

In diesem Bereich müssen insbesondere die Eigenschaften Wärme- und Schallschutz über einen angemessenen Zeitraum sichergestellt werden. Bei geschlossenen Systemen ist der Randbereich und bei offenen Systemen das gesamte System über den Wetterschutz mit dem Außenklima zu verbinden, d.h. der Funktionsbereich

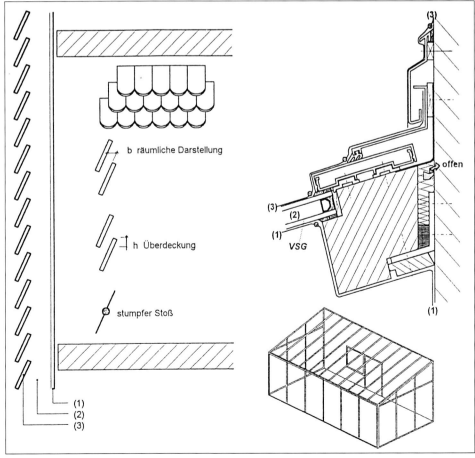

Bild 14: Ebenen und Funktionsbereiche als Modell zur Beurteilung von Fenstern in der Außenwand

Konstruktive Anforderungen

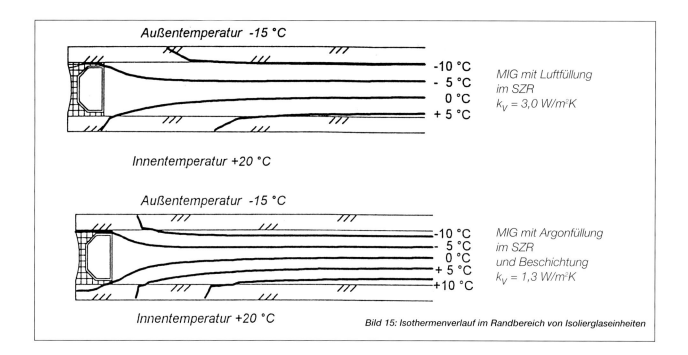

Bild 15: Isothermenverlauf im Randbereich von Isolierglaseinheiten

muß „trocken bleiben" und vom Raumklima getrennt werden.

Ebene 3 (Wetterschutz)

Die Ebene des Wetterschutzes muß von der Außenseite den Eintritt von Regenwasser weitgehend verhindern und eingedrungenes Regenwasser kontrolliert nach außen abführen. Zugleich muß die Feuchte aus dem Funktionsbereich nach außen entweichen können.

Daher wurde im Modell auch die Ebene des Wetterschutzes in Anlehnung an die bewährten Grundelemente der Dacheindeckung aufgefächert.

Das Beschriebene ist allgemein gültig und in der im Bild 14 dargestellten Abfolge auf mitteleuropäische Klimaverhältnisse und auf Räume mit normalem Innenklima abgestimmt.
In die Betrachtung und Bewertung muß die gesamte Außenwand einbezogen werden.

Die Abfolge gilt nicht für Kühlräume und nicht für Gebäude in tropischen Breiten.

Tauwasser, Erwärmung und Lüftung

Tauwasserbildung am Glas, Überhitzung der Raumluft und unzureichende Lüftung sind für den Bewohner die häufigsten Probleme bei der Nutzung von Wintergärten.

Untersuchungen im Rahmen verschiedener Vorhaben zur Frage der Tauwasserbildung und Erwärmung im Wintergarten haben gezeigt, daß in diesem Bereich der größte Handlungsbedarf liegt.

Zur Frage der Tauwasserbildung im Wintergarten haben Prof. Gerd Hauser, Kassel, und Ralph Sagelsdorff, EMPA, festgestellt, daß unabhängig von der Art der Verglasung die Tauwasserbildung nicht vermieden werden kann, wenngleich mit der Verbesserung des Wärmeschutzes der Verglasung ihre Häufigkeit sinkt.
Wie die Abbildung 16 zeigt, verbleibt selbst bei hochwertiger Wärmeschutzisolierverglasung ein thermischer Schwachpunkt im Randbereich.

In Verbindung mit der Tauwasserbildung und auch in Verbindung mit dem Wärmeschutz muß die Frage der Lüftung gesehen werden.
Dabei ist die Lüftung ein wesentlicher Punkt dafür, daß zumutbare Verhältnisse für den Nutzer sichergestellt werden und auch eine Nutzung bei Sonneneinstrahlung ermöglicht wird.

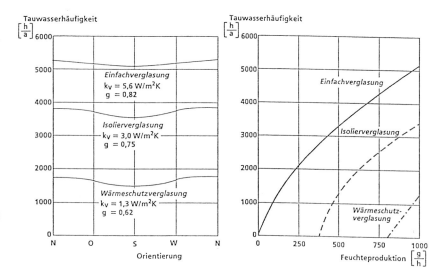

Bild 16: Anzahl der Stunden während des Normaljahres, an denen an der Verglasung des Wintergartens Tauwasserbildung eintritt, in Abhängigkeit von der Orientierung des Wintergartens (Quelle: G.Hauser, „Bauphysikalische Aspekte bei Wintergärten")

In Bild 17 ist für einen Wintergarten die Lufttemperatur im Tagesgang festgestellt. Dabei zeigt sich, daß auch bei hohem Luftwechsel Temperaturen von über 35°C erreicht werden.
Selbst um diese Verhältnisse sicherzustellen, sind bei freier Lüftung Lüftungsquerschnitte in der Größenordnung von 10% der gesamten Glasfläche notwendig, wobei auch dieser Querschnitt auf 4,5% für den Zuluftquerschnitt und 5,5% für den Abluftquerschnitt aufgeteilt wird. Die Grundfläche hat sich als unzureichende Grundlage für die Ermittlung der Lüftungsquerschnitte herausgestellt.

Bild 17:
Tagesgang der Lufttemperatur im Wintergarten für die verschiedenen Verglasungen bei Südorientierung bei vorhandenem Sonnenschutz mit Abminderungsfaktor 0,4 und einem Luftwechsel von 10 h^{-1} im thermisch eingeschwungenen Zustand (Quelle: G.Hauser, „Bauphysikalische Aspekte bei Wintergärten")

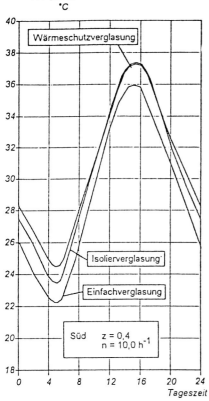

Rahmen

Für die Ausbildung der Rahmenkonstruktion von Wintergärten eignen sich alle im Fensterbau eingesetzten Werkstoffe wie Aluminium, Aluminium-Holz, Holz, Kunststoffe und Stahl. Stahlkonstruktionen sind im Bereich der „bewohnten Wintergärten" unüblich, dagegen bei Gewächshauskonstruktionen im Gärtnereibetrieb durchaus möglich.

Stahlkonstruktionen haben neben den Korrosionsproblemen auch ungünstige wärmeschutztechnische Eigenschaften, die zu vermehrter Tauwasserbildung führen können.

Bei Holzkonstruktionen sollten die im Schrägbereich liegenden Holzteile auf der Außenseite stets durch Aluminiumschalen abgedeckt werden. Dadurch entsteht quasi teilweise eine Aluminium-Holz-Konstruktion. Diese Abdeckung ist notwendig, um dem Holz einen dauerhaften Witterungsschutz zu geben, damit eine lange Nutzungsdauer gewährleistet wird.

Während Holz- und Stahlkonstruktionen eine Anstrichbeschichtung benötigen, die in regelmäßigen Abständen überarbeitet werden muß, ist bei Aluminium- und Kunststoffkonstruktionen dies nicht notwendig. Aluminiumprofile können gegen Korrosion und Witterungseinflüsse durch anodische Oxidation oder durch Farbbeschichtung geschützt werden.
Anstrichtechnische Wiederholungsanstriche sind im Laufe der Nutzung bei Aluminiumprofilen nicht notwendig.

Bei Kunststoffprofilen müssen zur Aufnahme von statischen Lasten in der Hauptkammer metallische Verstärkungen (i.d.R. verzinkte Stahlprofile) eingebaut werden.
Ohne Verstärkung der Profile ist die Standsicherheit bei Kunststoffhohlprofilen gefährdet.

Konstruktive Anforderungen

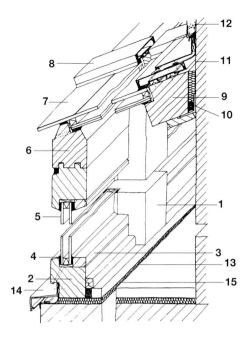

Bild 18: Schematische Darstellung eines Wintergartens aus Holz
1. tragendes Pfostenprofil aus Holz mit Glasfalzausbildung nach DIN 18 545
2. horizontaler Querriegel aus Holz mit Profilausbildung nach DIN 68 121
3. innenliegende Glashalteleisten aus Holz
4. Glasabdichtung mit Dichtstoff nach DIN 18 545
5. Verglasung mit Isolierglas
6. systembedingte Traufenkonstruktion aus Holzprofilen
7. Verglasung mit Isolierglas als Stufenglas; Verglasung im Schrägbereich mit Einscheibensicherheitsglas (ESG) und im Überkopfbereich mit Verbundsicherheitsglas (VSG)
8. im außenliegenden Schrägglasbereich ist auf das tragende Holzprofil zur Aufnahme der Verglasung eine Aluminium-Preßleistenkonstruktion aufgeschraubt
9. oberer horizontaler Querriegel aus Holz mit aufgesetzter außenseitiger Aluminium-Preßleistenkonstruktion zur Aufnahme der Verglasung
10. dicht abschließender Anschluß zum Baukörper, z.B. mit komprimierten Schaumdichtbändern
11. dicht abschließender Anschluß zum Baukörper, z.B. mit Bauabdichtungsfolien: äußere Abdeckung mit einem baukörperangepreßten Aluminiumblech
12. Putzabschlußprofil
13. dicht abschließender Anschluß zum Baukörper, z.B. mit Bauabdichtungsfolien
14. außenseitige Aluminiumfensterbank
15. Wärmedämmung

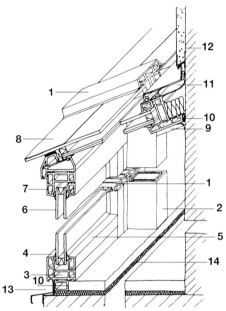

Bild 19: Schematische Darstellung einer Wintergartenkonstruktion aus Kunststoff
1. systemabhängiges Pfostenprofil aus Kunststoff mit innenliegendem Verstärkungsprofil i.R. aus verzinktem Stahl
2. systemabhängiges aufgesetztes, tragendes Pfostenprofil aus Kunststoff mit innenliegendem Verstärkungsprofil i.R. aus verzinktem Stahl
3. systemabhängiges Rahmenprofil aus Kunststoff mit innenliegendem Verstärkungsprofil i.R. aus verzinktem Stahl
4. Glasabdichtung mit Dichtprofilen
5. innenliegende Glashalteleisten aus Kunststoffprofilen
6. Verglasung mit Isolierglas
7. systemabhängige Traufenkonstruktion mit Kunststoffprofilen
8. Verglasung mit Isolierglas als Stufenglas: Verglasung im Schrägbereich mit Einscheibensicherheitsglas (ESG) und im Überkopfbereich mit Verbundsicherheitsglas (VSG)
9. systemabhängiges Rahmenprofil aus Kunststoff mit innenliegendem Verstärkungsprofil i.R. aus verzinktem Stahl
10. dicht abschließender Anschluß zum Baukörper, z.B. mit komprimierten Schaumdichtbändern
11. dicht abschließender Anschluß zum Baukörper, z.B. mit Bauabdichtungsfolien
12. Putzabschlußprofil
13. außenseitige Aluminiumfensterbank
14. Wärmedämmung

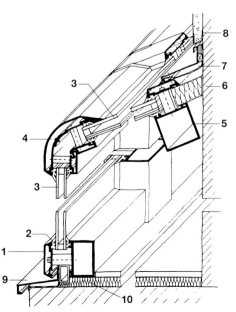

Bild 20: Schematische Darstellung einer Wintergartenkonstruktion aus Aluminium
1. aufgeklipste Abdeckschale aus Aluminium
2. Glasabdichtung mit Dichtprofilen
3. Verglasung mit Isolierglas; Verglasung im Schrägbereich mit Einscheibensicherheitsglas (ESG) und im Überkopfbereich mit Verbundsicherheitsglas (VSG)
4. systembedingte Traufenkonstruktion aus Aluminium-Verbundprofil
5. systemabhängiges horizontales Sprossenprofil aus Aluminium-Verbundprofil
6. dicht abschließender Anschluß zum Baukörper, z.B. mit Bauabdichtungsfolien
7. dicht abschließender Anschluß zum Baukörper, z.B. mit Dichtstoff und zusätzlich mit einer Bauabdichtungsfolie; äußere Abdeckung mit einem baukörperangepaßten Aluminiumblech
8. Putzabschlußprofil
9. außenseitige Aluminium-Fensterbank
10. Wärmedämmung

Verglasung

Die Grundforderung aus der DIN 18 361 („VOB Verglasungsarbeiten") lautet, daß Verglasungen gegen Wind und Regen dicht sein müssen. Dies gilt auch für den Wintergarten, sowohl für Verglasungen, die mit Dichtstoffen oder mit Dichtprofilen abgedichtet sind. Herkömmliches, im Baubereich übliches Isolierglas hat eine Abdichtung am Rand, der gegen UV-Bestrahlung nicht stabil ist.

Darum muß dieses Isolierglas zum Schutz in einen Glasfalz eingebaut werden, der in den Abmessungen DIN 18 545 Teil 1 („Abdichten von Verglasungen mit Dichtstoffen") entsprechen muß. Der Freiraum zwischen Glasrand und Glasfalzgrund muß, unabhängig von der äußeren Glasabdichtung, belüftet sein.

Diese sog. Dampfdruckausgleichsöffnungen sind zur Feuchtigkeitsentlastung des Isolierglasrandes unbedingt notwendig. Da in der Regel die Außenluft einen geringeren Wasserdampfteildruck hat als die Raumluft, müssen diese Öffnungen nach außen geführt werden. Die Öffnungen müssen außenseitig dabei vor direkter Schlagregeneinwirkung geschützt sein.

Wintergarten-Konstruktionen, bei denen der Randverbund des Isolierglases direkter UV-Bestrahlung ausgesetzt werden darf, trifft man immer häufiger. UV-beständige Randabdichtungen sind nur unter Verwendung von speziellen Dichtstoffen, meistens auf chemisch neutraler Silikonbasis möglich. Nur hochwertige, geeignete Dichtstoffe sind in der Lage, diesen Belastungen dauerhaft zu widerstehen.

Im geneigten Bereich kann durch Wasserrückstau die Gefahr des Wassereintritts über die Verglasung zur Raumseite entstehen. Stehendes Wasser bringt aber nicht nur Schmutzrückstände, sondern auch eine sehr hohe Belastung für die Glasabdichtung insbesondere bei Horizontalfugen. Aus diesen Gründen werden verschiedene konstruktive Lösungen angeboten (siehe Bilder 21-24), die einen Wasserrückstau weitgehend vermeiden. Insbesondere in diesem Bereich kommen die konstruktiven Vorteile von Isolierglas mit UV-beständigem Randverbund zum Tragen.

Konstruktive Anforderungen

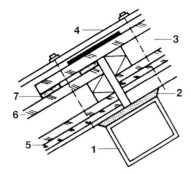

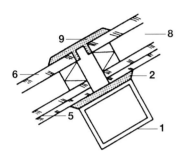

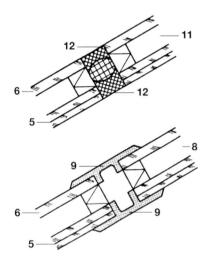

Bild 21: Horizontalstoß-Ausbildung in der Schrägverglasung mit Isolierglas als Stufenglas; die Horizontalsprosse aus einem Aluminiumprofil dient als zusätzliches Auflager.
1. systemabhängiger, horizontaler Querriegel (Horizontalsprosse) aus Aluminium
2. Glasabdichtung auf der Innenseite mit Dichtprofilen
3. Stufen-Isolierglas mit üblicher, nicht UV-stabiler Randabdichtung
4. notwendige UV-Abdeckung zum Schutz des Randverbundes vom Isolierglas; mögliche Abdecksysteme: Emaillierung des Glasrandes oder aufgeklebtes Silikonprofil
5. Innenscheibe des Isolierglases aus Verbundsicherheitsglas (VSG) im Überkopfbereich
6. Außenscheibe des Isolierglases aus Einscheibensicherheitsglas (ESG) im Schrägbereich
7. Abdichtung zwischen der überlappenden Scheibe mit der darunterliegenden Isolierglasscheibe

Bild 22: Horizontalstoß-Ausbildung in der Schrägverglasung zwischen zwei Isolierglasscheiben mit einem Silikonprofil abgedeckt; die Horizontalsprosse aus einem Aluminiumprofil dient als zusätzliches Auflager.
1. systemabhängiger, horizontaler Querriegel (Horizontalsprosse) aus Aluminium
2. Glasabdichtung auf der Innenseite mit Dichtprofilen
5. Innenscheibe des Isolierglases aus Verbundsicherheitsglas (VSG) im Überkopfbereich
6. Außenscheibe des Isolierglases aus Einscheibensicherheitsglas (ESG) im Schrägbereich
8. normales Isolierglas mit üblicher, nicht UV-stabiler Randabdichtung
9. Abdeckprofil z.B. aus einem aufgeklebten Silikonprofil

Bild 23: Horizontalstoß-Ausbildung in der Schrägverglasung zwischen zwei Isolierglasscheiben ohne zusätzliche Abdeckung auf der Außenseite und ohne zusätzliche Horizontalsprosse
5. Innenscheibe des Isolierglases aus Verbundsicherheitsglas (VSG) im Überkopfbereich
6. Außenscheibe des Isolierglases aus Einscheibensicherheitsglas (ESG) im Schrägbereich
11. Isolierglas mit UV-stabiler Randabdichtung, z.B. aus Silikon
12. Abdichtug zwischen den beiden Isolierglasscheiben außen wie innen mit einem geeigneten, hochwertigen, spritzbaren Dichtstoff

Bild 24: Horizontalstoß-Ausbildung in der Schrägverglasung zwischen zwei Isolierglasscheiben, außen und innen mit einem Silikonprofil abgedeckt
5. Innenscheibe des Isolierglases aus Verbundsicherheitsglas (VSG) im Überkopfbereich
6. Außenscheibe des Isolierglases aus Einscheibensicherheitsglas (ESG) im Schrägbereich
8. normales Isolierglas mit üblicher, nicht UV-stabiler Randabdichtung
9. Abdeckprofil, z.B. aus einem aufgeklebten Silikonprofil

Lüftungsflügel

Neben der Forderung, daß die Verglasung gegen Wind und Regen dicht sein muß, gelten natürlich auch für die Fugen zwischen Flügel und Rahmen eine entsprechende Fugendurchlässigkeit und Schlagregendichtheit.
Zum Öffnen vorgesehene Fenster, sowohl im Schrägbereich wie auch im senkrechten Bereich, sowie auch die Fenstertüren müssen gegen Regen und Wind dicht sein. Die Anforderungen können aus der DIN 18 055 („Fugendurchlässigkeit und Schlagregendichtheit") abgeleitet werden. Qualitativ hochwertige Wintergärten erfüllen durch geeignete Konstruktionen diese Forderungen, was bei Sparkonstruktionen leider nicht immer der Fall ist.

Anschlußpunkte

Als Anschlußpunkte versteht man beim Wintergarten den unteren Fußpunkt sowie den oberen Anschluß der Rahmenkonstruktion zum Baukörper. Beide Anschlüsse müssen auf Grund unterschiedlicher materialbedingter, thermischer Längenänderungen in der Lage sein, diese Bewegungen schadfrei aufzunehmen, ohne daß der Wetterschutz in der äußeren Abdichtungsebene verloren geht. Beim unteren Fußpunkt wird die Rahmenkonstruktion auf dem massiven Fundament bzw. der Bodenplatte über systemangepaßte Basisprofile befestigt. Wichtig ist die Anbringung einer Bauabdichtungsfolie und die flächige dichte Verklebung mit dem Baukörper. Eine darüberliegende Aluminiumfensterbank gibt einen ausreichenden Wetterschutz und deckt die Folie optisch ab. Der Freiraum zwischen Rahmen und Baukörper sollte durch die Wärmedämmung z.B. durch Polyurethanschaum (PU-Schaum mit umweltfreundlichem Treibgas) ausgefüllt werden. Da der Schaum beim Ausreagieren eine mehrfache Volumensvergrößerung erfährt, sollte sehr sorgfältig und dosiert geschäumt werden. Schaumrückstände auf Sichtflächen der Profile hinterlassen Flecken, die i.d.R. nicht mehr rückstandsfrei entfernbar sind.

Wie beim unteren Anschluß, so gilt auch beim oberen Abschluß, daß ein dichter Fugenabschluß vorliegen muß. Bei Putzbauten ist der Einsatz von sog. Putzabschlußprofilen unbedingt notwendig, um einen dauerhaften Wetterschutz zu erhalten. Es muß sichergestellt werden, daß an der Wand senkrecht abfließendes Regenwasser bei Schlagregen schadfrei abgeleitet wird. Dies ist nur möglich durch richtig konstruierte Anschlußfugen, unter Verwendung von geeigneten Dichtstoffen oder vorkomprimierten Dichtbändern.

Traufenausbildung

Der Übergang zwischen dem schrägen Glasdach und der darunterliegenden senkrechten Verglasung nennt man Traufe. Die Traufe muß so ausgebildet sein, daß anfallendes Regenwasser sofort abgeleitet werden kann. Stehendes Wasser kann häufig zu Wassereintritt in die Konstruktion führen und der Bauschaden ist vorprogrammiert. Die problemlose Abführung

von Regenwasser kann sowohl durch einen ausreichenden Dachüberstand als auch durch eine Dachrinne erfolgen. Die Bemessung der Dachrinne hängt von der Regenspende (Regenmenge), der Schrägglasfläche, der Dachneigung und eines Abflußbeiwertes ab. Die Konstruktion von Wintergärten nach Systembauweise sehen meist keine Rinne vor, sondern einen entsprechenden Überstand des Glases oder der Abdeckprofile. Beim individuell gefertigten Wintergarten läßt sich dagegen eine Regenrinne einplanen, die der Spengler als Fachmann montieren sollte. Während bei Regenanfall das Wasser bei Konstruktionen mit Überstand unkontrolliert abfließt, läßt sich das Wasser bei Wintergärten mit Regenrinne in einer Regentonne für Pflanzenbewässerung sammeln.

Ebenso muß die Bildung von Eis im Glaskantenbereich der Traufe vermieden werden. Eisbildung kann im Glas zu großen Temperaturunterschieden führen, wodurch eine Glasbruchgefahr entsteht.

Glasbruch kann aber auch entstehen, wenn an die Kante der inneren Scheibe des Isolierglases das Außenklima anteilhaft einwirken kann und die Scheibenfläche dabei dem Innenklima ausgesetzt ist. Dies führt zu unzulässigen Spannungen infolge hoher Temperaturunterschiede. Um die Glasbruchgefahr infolge von Temperaturspannungen und auch die Möglichkeit von Tauwasserbildung beurteilen zu können, empfiehlt es sich, die Temperaturverteilung in den kritischen Bauteilen für bestimmte Randbedingungen zu bestimmen. Über ein entsprechendes EDV-Programm können die Temperaturen als Isotherme in Abhängigkeit von Außen-und Innenklimabedingungen berechnet werden. Die Bilder 25a und 25b zeigen Isothermenverläufe bei Randbedingungen nach DIN 4108 Teil 4. In Bild 25a ist die Auflagefläche der Innenscheibe auf der Traufenkonstruktion größer und die Glaskante liegt dem Außenklima auch näher. Dem entsprechend ist die Temperaturdifferenz zwischen Scheibenkante und Scheibenmitte größer als bei Beispiel Bild 25b. Dort wurde zusätzlich durch konstruktive Maßnahmen versucht, Wärme aus dem Innenklima in den kritischen Bereich zu leiten. Dies hatte nicht nur eine Verringerung der Temperaturdifferenz zur Folge, sondern auch einen Rückgang der Tauwasserbildung auf der Innenseite. Allerdings kann letztere bei den zur Berechnung angenommenen Randbedingungen von z.B. −15°C Außentemperatur nicht ausgeschlossen werden.

Konstruktionsbeispiele

Die erläuterten bauphysikalischen und statischen Belange müssen durch eine geeignete Konstruktion in Einklang mit den gesetzten Nutzungszielen gebracht werden. Für die Konstruktion eines Wintergartens müssen deshalb folgende Merkmale überlegt und berücksichtigt werden:

– Wahl des statischen Systems und ausreichende Bemessung der Rahmen- und Glaskonstruktion,
– Wahl der Rahmen- und Glaselemente im Hinblick auf einen angemessenen Wärmeschutz,
– Wahl und Anordnung des Sonnenschutzes,
– Wahl und Anordnung von Lüftungselementen,
– konstruktiv richtige Ausbildung der Anschlußpunkte und der Verbindung zum Baukörper,
– Schlagregendichtigkeit der Gesamtkonstruktion und ausreichende Ableitung des Regenwassers,
– schadfreie Abführung von anfallendem Tauwasser.

Viele marktüblichen Wintergarten-Konstruktionen – meistens von Systemherstellern aus der Fensterbranche – berücksichtigen diese genannten Merkmale. Es sollte aber auch nicht unerwähnt bleiben, daß bei

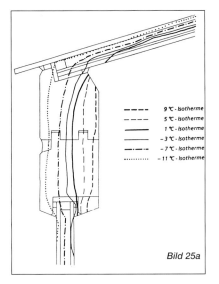

Bild 25a

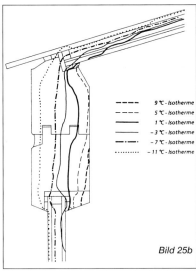

Bild 25b

Isothermenverläufe bei Randbedingungen nach DIN 4108 Teil 4

kostengünstigen Sparkonstruktionen, meistens unter Nichtberücksichtigung der konstruktiven und bauphysikalischen Belange, die Erwartungen des Bauherrn nicht erfüllt werden. Auf Seite 28 werden für die üblichen Rahmenwerkstoffe Konstruktionen gezeigt, die den oben gestellten Anforderungen weitgehend entsprechen. Zur Vermeidung einer Systemabhängigkeit wurden Profile bewußt schematisch dargestellt.

Literatur:

- Institut für Fenstertechnik, Rosenheim: Allgemeine Hinweise und Vorschläge zur Konstruktion von Wintergärten; Fenster + Fassade 4/86; Rosenheim
- Institut für das Bauen mit Kunststoffen: Wintergärten, Glasan- und Einbauten; Seminar München, Oktober 1990
- Vereinigte Glaswerke: Glas am Bau; 2.Auflage 1990, Aachen
- Bundesministerium für Wirtschaft: Wärmeschutz bei Gebäuden; Januar 1983, Bonn
- Isolar Glas-Beratung: Isolar-Kompaß, Kirchberg, 1991
- Catrici, I.; Nielsen, S.; Schmid, J.; Feldmeier, F.: Glasvorbauten; Allgemeine Hinweise und Vorschläge zur Konstruktion von Wintergärten. Fenster und Fassade 13 (1986) Heft 4, Seite 84 bis 95
- Stiell, W.: Der Wintergarten als Glasvorbau. DBZ Deutsche Bauzeitschrift 40 (1992) Heft 12, Seite 1841 bis 1848

Dichtstoffe, Dichtprofile, Bauabdichtungsfolien und Dichtungsbänder

Allgemeines: Für die Abdichtung von Verglasungen mit Dichtstoffen wird auf DIN 18 545, Teil 1–3, hingewiesen.

Dichtstoffe

Für Wintergärten sind nur elastische Dichtstoffe wie Silikon, Polysulfit und Polyurethan geeignet. Dichtstoffe haben keine Befestigungs-, sondern nur eine Abdichtungsfunktion zu erfüllen. Elastische Dichtstoffe dürfen nicht mit einer Dreiflankenhaftung beansprucht werden (siehe Bild 26). Durch die Folie wird eine Dreiflankenhaftung vermieden und eine problemlose Ausdehnung des Dichtstoffes gewährleistet.

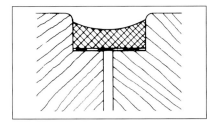

Bild 26: Stoßfuge

Dichtfolien

Dichtfolien haben in der Regel die Aufgabe, Wasser- bzw. Feuchteeintritt sowie gegebenfalls auch Lufteintritt zu verhindern. Bei der Auswahl sind die Eigenschaften und Anwendungseinschränkungen sowie die Verarbeitungsvorschriften zu beachten. Besonders hinzuweisen ist auf die DIN 18 195 („Bauwerksabdichtungen").

Im oberen Anschluß des Glasvorbaus zum Baukörper ist zum Schutz vor eindringendem Wasser eine Abdichtung mit Folie erforderlich.

Dichtungsbänder

Dichtungsbänder bzw. -streifen werden als Vorlagebänder für Glasabdichtungen oder zur Abdichtung von Anschlußfugen eingesetzt (Bild 27).

Für Bänder in Anschlußfugen ist die Wasserdichtigkeit von der Kompression abhängig, die in der Regel 1/3 bis 1/5 betragen muß. Die Verarbeitungsvorschriften der Hersteller müssen beachtet werden.

Dichtprofile

Die Funktionsfähigkeit einer Dichtung wird bestimmt durch eine optimale Form und ausgewogene Materialeigenschaften. Außerdem sind die Dichtungsanordnung und die Eckverbindung von Bedeutung.

Eine Änderung des Materials kann z.B. auch bei gleichbleibender Form des Profils die Funktion nachhaltig beeinflussen. Bedeutung für die Wirkungsweise der Abdichtung hat besonders die Eckverbindung. Während Plastomere wie z.B. PVC weich durch

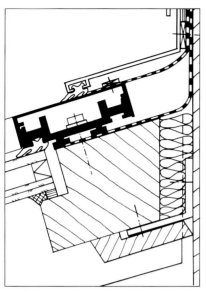

Bild 27: Oberer Anschluß

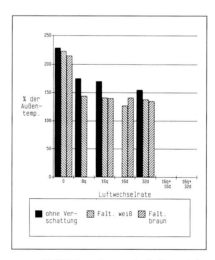

Bild 28: Mauerwerksanschluß mit Dichtungsbändern

Sonnenschutz

Auslegung von innerem und äußerem Sonnenschutz

Ein gut funktionierender Sonnenschutz ist für Wintergärten und Glasanbauten unentbehrlich. Ob innerer oder äußerer Sonnenschutz – mit beiden Varianten muß eine zufriedenstellende Verschattung möglich sein.

Der innenliegende Sonnenschutz und seine Probleme

Es steht inzwischen außer Diskussion, daß die Wirksamkeit des außenliegenden Sonnenschutzes um ein Vielfaches besser ist als bei einem innenliegenden. Bei innenliegendem Sonnenschutz muß ein deutlich intensiverer Lüftungsaufwand betrieben werden, damit die Funktion gegeben ist.
Bild 29 zeigt, wieviel Prozent der Außentemperatur im Innern eines Wintergartens, in einem Meter Höhe gemessen, erreicht werden. Im Vergleich standen ein nichttransparenter Faltstore (weiß) und ein halbtransparenter Faltstore (braun, einseitig metallisiert) mit verschiedenen Belüftungsarten.

Bild 29: Innentemperatur in Prozent der Außentemperatur im Vergleich mit und ohne Verschattung

Es wird deutlich, daß ohne Belüftung eine innenliegende Verschattung keinen merklichen Nutzen bringt. Erst bis zu 20-fachen Luftwechselraten kommt man in Temperaturen, die eigentlich erwartet werden. Die angegebene Luftwechselrate 8 q entspricht achtfachem Luftaustausch pro Stunde mit einer Querlüftung, und 16 d heißt diagonaler Luftaustausch 16-fach.

Schweißen zu Rahmen verbunden werden können, müssen Elastomere wie EPDM durch Vulkanisation oder durch Kleben miteinander verbunden werden. Bei allen Verfahren muß auf eine sorgfältige Verbindung geachtet wer den, d.h. daß die einzelnen Dichtlippen nicht versetzt und in ihrer Wirkungsweise nicht eingeschränkt sein dürfen.
Die Verträglichkeit mit Anstrichen muß gegeben sein; dabei ist nach dem derzeitigen Kenntnisstand bei Verwendung von wasserverdünnbaren Anstrichsystemen in der Regel eine Prüfung erforderlich. Die Anforderungen an die Verträglichkeit sind dem Merkblatt „Anstrichsysteme für Fenster" (09.91) des Instituts für Fenstertechnik e.V., Rosenheim, zu entnehmen.

Innen- und außenliegender Sonnenschutz sind zwei unterschiedliche Themenkreise. Ein Gesetz gilt für beide Sonnenschutzarten: Wenn man in unseren Breiten zwischen dem Sonnenstand im Winter (17°) und im Sommer (64°) unterscheidet, so ist es immer sinnvoll, die horizontale Verschattung, beispielsweise in einem Wintergarten, von der vertikalen zu trennen. Der Nutzer möchte unter Umständen abends einen Sichtschutz haben, aber den freien Nachthimmel genießen. Würden diese Elemente im Verbund eingebaut werden, so wäre dies nicht möglich.

Die Wirkung der verschiedenen Sonnenschutzvorrichtungen

In der DIN 4108 sind für verschiedene Sonneschutzarten die Abminderungsfaktoren Z gegeben (Tabelle 12). Je kleiner der Wert, desto größer die Wirksamkeit. Es fällt auf, daß bei innenliegenden Anlagen der Abminderungsfaktor zwischen 0,7 und 0,4 liegt und im äußeren Bereich zwischen 0,4 und 0,25. Würde für eine Glasfassade ein Sonneschutz innen oder außen angebracht werden, so wird der g-Faktor mit dem Abminderungsfaktor Z multipliziert, und man erhält das gesamte Energieangebot, das in das Hausinnere gelangen kann (Bild 31). Der g-Faktor ist der Gesamtenergiedurchlaßfaktor der Verglasung. Er liegt zwischen 0,2 und 0,9. Die in der Norm angegebenen Z-Faktoren sind Richtwerte. Um die Z- Faktoren exakt zu bestimmen, ist nicht nur das Gewebe mit seiner Reflexion, Transmission,

Sonnenschutz

fehlender Sonnenschutz	z = 1,0

Sonnenschutz innen und zwischen den Scheiben

Gewebe und Folien	z = 0,4 bis 0,7
Jalousien	z = 0,5

Sonnenschutz außen

Jalousien, drehbare Lamellen, hinterlüftet	z = 0,25
Jalousien, Rolläden, Fensterläden, feststehende oder drehbare Lamellen	z = 0,3
Markisen oben und seitlich, ventiliert	z = 0,4

Tabelle 12: Die Wirkung der verschiedenen Sonnenschutzvorrichtungen in Verbindung mit der Verglasung

hinter Doppelverglasung k = 2,9 W/m²K		K in W/m²K			
Gewebe	Metallisiert	d = 10 mm		d = 50 mm	
		N.V.	V.	N.V.	V.
transparent	–	2,2	2,5	2,4	2,8
transparent	+	2,0	2,3	2,2	2,6
semi-transparent	–	2,1	2,4	2,3	2,7
semi-transparent	+	2,0	2,3	2,2	2,6
nicht transparent	–	2,2	2,5	2,4	2,7
nicht transparent	+	1,8	2,2	2,1	2,5

V = Ventilation (0,3 m/sec) zwischen Faltstore und Glasfläche
V.N. = keine Ventilation (0,1 m/sec) zwischen Faltstore und Glasfläche

Tabelle 13: Beeinflußung des k-Wertes durch Faltstore

Absorption zu betrachten. Je offener die Stoffe gewebt sind, desto größer ist die Transmission, desto höher wird auch der Z-Faktor sein. Auch die Farbe spielt für die Transmission eine große Rolle, sowie die Beschichtung, die bei Aluminisierung eine höhere Reflexion (bei Stoffen bis zu 60 %) erreicht. Aber auch die Verglasungsart und sogar die Farbe der Fensterrahmen spielen hierbei eine Rolle. In unseren Breiten liegt das Angebot bei etwa 800 W/m².

In mehreren Untersuchungen konnte man sehen, daß die Auswirkungen auf den Gesamtenergiedurchlaßgrad (= Z · g) bei der Montage innen in dem Bereich vom Abstand zur Scheibe von 10 bis 50 mm keinen großen Einfluß hat, sehr stark aber die Gewebeart. Der Gesamtenergiedurchlaßgrad bei einem transparenten Gewebe eines Faltstores von 0,53 kann bei einem nichttransparenten, einseitig metallisierten Gewebe bis zu 0,22 betragen (diese Messungen sind Laborwerte und wurden an einer Einfachverglasung mit k = 5,8 W/m²K gemessen).

Wenn sich der k-Wert der Verglasung ändert

Gezeigt wird in Tabelle 13 das Verhalten eines montierten Faltstores im Abstand von 10 bis 50 mm vor der Verglasung. Man sieht deutlich, daß die Anbringungsart einen sehr großen Einfluß auf den k-Wert nimmt. Aber auch die Gewebeart nimmt hier maßgeblich Anteil an einer k-Wert-Verbesserung. Das Ganze ist jedoch mit Vorsicht zu betrachten. In keinem Fall darf am Beispiel des Wintergartens der Faltstore im Dachbereich näher als 10 cm zur Scheibe an gebracht werden. Selbst die Luft muß hier von hinten nach vorne durchstreichen können, damit durch Wärmestau kein Glasbruch entstehen kann. Bei dieser Anbringungsvariante ist keine k-Wert-Verbesserung möglich.

Im vertikalen Bereich, wo das Energieangebot nicht so kritisch ist, kann jedoch nahe zur Scheibe montiert werden. Hier sind k-Wert-Verbesserungen durchaus möglich. Bei einer k-Wert-Verbesserung ist aber in jedem Fall mit einer negativen Taupunktverschiebung zu rechnen.

Die Zusammenhänge von Luft und Feuchtigkeit

Die Luft kann Feuchtigkeit aufnehmen. Je kälter Luft ist, desto weniger Wasserdampf kann sie aufnehmen, zum Beispiel bei 20 °C 17,2 g/m³, bei 0 °C nur noch 4,9 g/m³. Wenn jetzt ein innenliegender Sonnenschutz, nahe am Fenster angebracht, die kalte Luft von innen isoliert, so ist dieses Gewebe in der Regel nicht gasdiffusionsdicht und so kann die mit Wasser angereicherte Luft in den Zwischenraum zwischen innenliegendem Sonnenschutz und Glas gelangen und überschüssiges Wasser abgeben, so daß Kondensat anfällt. Das in der DIN 4108 abgebildete Taupunktdiagramm ist in diesem Zusammenhang mit Vorsicht zu betrachten. Das Diagramm (siehe Bild 30) zeigt, in welchem Verhältnis die Raumtemperatur zur Außentemperatur und dem k-Wert der Verglasung steht und bei welcher relativen Luftfeuchtigkeit sich Kondenswasser bildet. Man sieht deutlich, daß ein besserer k-Wert eine positive Verschiebung bringt, d.h., daß sich erst bei höherer Luftfeuchtigkeit Kondenswasser bildet. Diese Darstellung gilt für außenliegenden Sonnenschutz. Sie kann bei innenliegendem Sonnenschutz nicht angewendet werden.

Im Vertikalbereich bringt die k-Wert-Verbesserung einige Vorteile im Hinblick auf die Behaglichkeit. Bedford und Liese (Bild 35) haben das Zusammenspiel zwischen Raumluft und Wandlufttemperatur untersucht und festgestellt, daß beides in einem gewissen Verhältnis stehen muß, um eine Behaglichkeit zu erreichen. Jeder, der schon einmal in einem Wintergarten bei kalten Außentemperaturen mit dem Rücken nahe zum Glas gesessen hat, weiß von der „kalten Abstrahlung". Hier bringt ein innen angebrach-

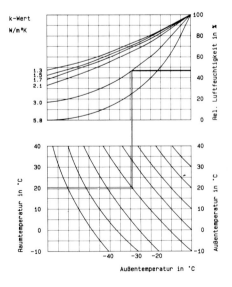

Bild 30: Taupunktdiagramm nach DIN 4108

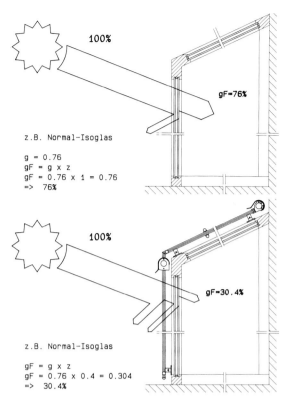

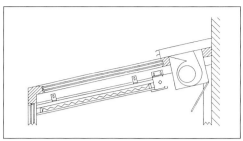

Bild 32: Faltstore (schräg)

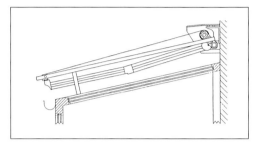

Bild 33: Gelenkmarkise

Bild 31: Gesamtenergiedurchlaßfaktor in Prozent

ter Sonnenschutz schon einige Vorteile. Der Tabelle ist zu entnehmen, daß bei einer Wandtemperatur von 16 °C und einer Raumlufttemperatur von 20 °C noch Behaglichkeit gegeben ist. Eine Wandtemperatur von 12 °C und eine Raumtemperatur von 20 °C fällt dagegen nicht mehr in den Behaglichkeitsbereich.

Wie eben beschrieben, ist einiges zu beachten, um mit einem Sonnenschutz das zu erreichen, was gewünscht wird. Ein kleiner Hinweis zum Schluß: Bei innen angebrachten Sonnenschutzanlagen im Dachbereich muß einfach damit gerechnet werden, daß sich hier Insekten ansammeln.

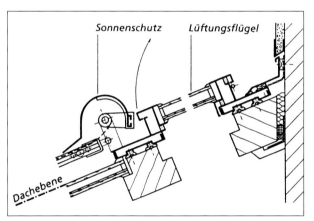

Bild 34: Schematische Darstellung des oberen Anschlusses unter Berücksichtigung von Lüftungsflügeln und außenliegendem Sonnenschutz

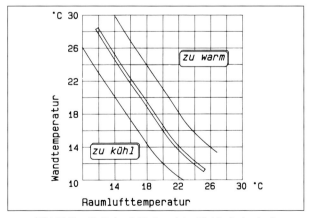

Bild 35: Um die Behaglichkeit und das Wohlbefinden im Raum zu erhalten, müssen Raumtemperatur und Wandinnentemperatur in einem bestimmten Verhältnis zueinander stehen. (Die Behaglichkeit nach Bedford und Liese)

3 Projektbeispiele

Das klassische Gewächshaus

Architekten:	Walter u. Bea Betz, München
Mitarbeiter:	Eberhard Mehner
Bauleitung:	Klaus Digel, Reutlingen

Mehrere Räume in den Stockwerken, auch das Studio im Dachgeschoß, öffnen sich mit Fenstern zum Wintergarten, wodurch sich eine galerieartige Verbindung der einzelnen Hausteile ergibt

Aufgabenstellung

Umgeben von alten Obstgärten steht das Haus an einem steilen Hang mit Blick auf die Stadt Reutlingen.

Die Bauherren wünschten sich eine Villa mit Wintergarten, Freitreppe, klassischen Achsen und Sichtbeziehungen.

Die Erschließung ergab sich an der höchsten Kante des Grundstückes. Es befinden sich hier auch Vorfahrt und Garage.
Von dort gelangt man in einen etwas tiefer gelegenen Vorhof, der von Pergolen umstellt ist.

Die achteckige Diele mit hochgestufter Decke bildet den Zentralraum des Hauses, von dem aus in acht Richtungen Zimmer betreten werden können. Über der Diele liegt ein Studio für den Hausherrn mit Rundblick über das Dach hinweg.

Wintergarten

Der Wohnwert des Hauses wird sehr bereichert durch den verglasten Wintergarten, dessen drei von sechs Seiten tief in das Haus eingreifen. Die Sonne erhellt und erwärmt das Glashaus. Die hier gespeicherte Wärme wird an die anderen Räume weitergegeben. Vor Überhitzung schützen eine

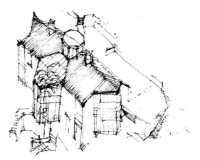

an der höchsten Stelle gelegene automatische Lüftung mit Feuchtigkeitsmesser sowie Verschattungseinrichtungen. An der Süd- und Westseite sind dies außenliegende Ausfallmarkisen, unter dem Dach innenliegende reffbare Sonnensegel.

Das klassische Gewächhaus

Der Wintergarten ist nach außen hin mit normalem Isolierglas, zum Haus hin einscheibig verglast. Dadurch ergibt sich die Möglichkeit, den Wintergarten in den Übergangszeiten und gelegentlich im Winter zu nutzen.

Tragwerk und Glashalteprofile bestehen traditionell aus Metall. Hier wurden schmale T- und Z-Eisen (bis max. 40 mm Breite) eingesetzt, die verzinkt und weiß gestrichen sind. Es erwies sich in der Praxis als nicht einfach, in solcher Weise die Tradition der klassischen Gewächshäuser mit Kittverglasung etc. fortzuführen. Marktüblich sind mittlerweile Profile mit kittloser Verglasung ("Trockenverglasung") und Alu-Preßleisten. Damit wird eine deutlich höhere Dichtigkeit der Konstruktion erreicht. Zudem schreiben die Glasernormen die Verklotzung der Scheiben sowie einen belüfteten Glasfalzraum vor. Üblich ist auch die thermische Entkoppelung von Außen- und Innenprofil – mit dem Ergebnis, daß die Profilstärken deutlich plumper wirken und damit die Leichtigkeit und Eleganz traditioneller Konstruktionen verlorengeht.

Gerade die Filigranität klassischer Gewächshäuser aber war es, die von den Architekten wie Bauherren bewußt gesucht wurde. Zudem hat sich die klassische Bauweise auch in den vergangenen Jahren neben den modernen Fertigwintergärten von der Stange durchaus behaupten können.

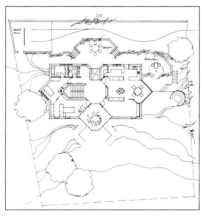

Grundriß Obergeschoß

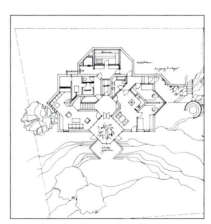

Grundriß Erdgeschoß

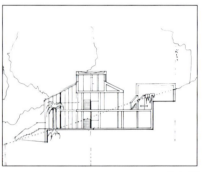

Schnitt

Erfahrungen

Der Wintergarten wird bereits seit zwölf Jahren ausschließlich als Gewächshaus für die Haltung mediterraner Pflanzen wie Palmen, Kamelien und Orangenbäume genutzt. Der Raum ist unterkellert und wird im Winter ständig beheizt, so daß die Temperatur im Gewächshaus nie unter ca. 8 °C fällt. Der Heizbedarf wird als sehr gering bezeichnet.

Im Sommer helfen Markisen, Sonnensegel, seitlich vorgepflanzte Laubbäume und Lüftungsflügel im Dach, daß die Temperatur im Glashaus nicht über 28 °C ansteigt. Verschiedentlich geäußerte Befürchtungen, daß sich das Glashaus schnell auf Temperaturen über 40 °C aufheizen würde, haben sich nicht bewahrheitet.

An der Innenseite der Metallprofile haben sich im Laufe der Jahre durch Kondenswasser vereinzelt Algen (schwarze „Stockflecken") gebildet, die jedoch in einer einmaligen Putzaktion vollständig abgewaschen werden konnten. Gravierende Korrosionsschaden an der Stahlkonstruktion sind bislang ausgeblieben.
Wer allerdings einen stets wie neu wirkenden Wintergarten wünscht, wäre mit einem klassischen Gewächshaus falsch beraten. In der Zwischenzeit haben sich einige Glasscheiben eingetrübt – wohl eine Folge von Undichtigkeiten im Glasfalzbereich bzw. Scheibenzwischenraum (SZR). Auf Grund der örtlichen Gegebenheiten ließe sich das Gewächshaus, das immerhin über zweieinhalb Stockwerke reicht, von außen auch nur mit erheblichem Aufwand reinigen. Die Folge ist, daß man sich hier mit der natürlichen Reinigungskraft von Regen und Schnee begnügt.
Das klassische Gewächshaus ist demnach sicher nichts für Perfektionisten und auch nichts für jene Schar von Bauherren, die einen ganzjährig nutzbaren Wohnraum wünschen. Wer aber gärtnerische Überlegungen in den Vordergrund stellt und Wert auf eine leichte und filigrane Konstruktion legt, die darüber hinaus zur Verschönerung der Gesamtgestaltung des Gebäudes beiträgt, ist mit dem klassischen Gewächshaus nach wie vor gut beraten.

1 T 40/30
2 L 25/25
3 Silikon

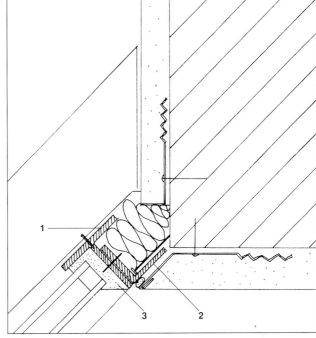

Anschluß Außenwand an Baukörper, M 1:2

Das klassische Gewächshaus

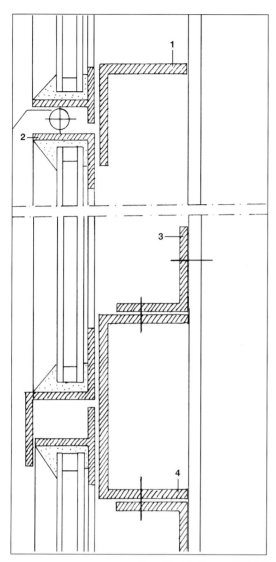

Klappflügel Außenwand, M. 1:2

1 L-Profil 50/50
2 L-Profil 35/30
3 L-Profil 40/40
4 U-Profil 50/100
5 L-Profil 35/20
6 U-Profil 50/20

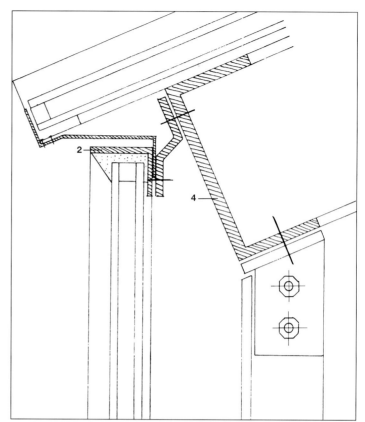

Traufpunkt, M. 1:2

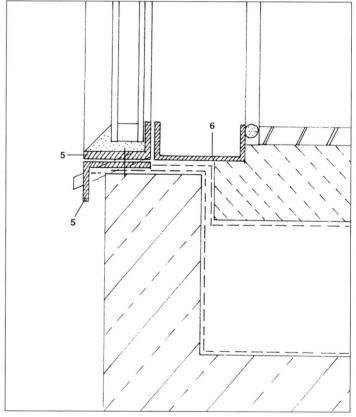

Fußpunkt, M. 1:2

Gewächshäuser

Sonnenhaus Riederau

Architekten:	Axel Tilch, Gisela Drexler, Riederau
Projekt:	Wohnhaus mit passiver Solarenergienutzung
Bauzeit:	April bis November 1987
Wohnfläche:	160 m²
Baukosten:	DM 300.000,–
Kosten für Glaskonstruktion:	DM 22.000,–
Heizenergieverbrauch:	63 kWh/m²a

Das Haus, im Grundriß ein Trapez, liegt auf einem schmalen Wiesengrundstück neben einem von Bäumen gesäumten Bachlauf, geschützt vor einfallenden Westwinden. Die sorgfältige Einbindung in die vorhandene Topografie war bei der Realisierung des passiven Solarkonzeptes unabdingbar.

Der Baukörper, monolithisch aus gefügedichtem Beton gegossen, erstreckt sich von West nach Ost.

Die Südseite ist als Sonnenwand ausgebildet, zum einen als klassische Gewächshauskonstruktion, zum anderen als weitgehend verglaste Fassade.

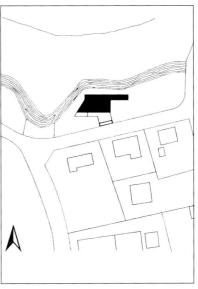

Lageplan, M 1:2000

Sonnenhaus Riederau

Im Winter wird die Sonnenstrahlung von den Betonscheiben an der Glaswand sowie vom Schieferboden, den massiven Rückwänden und Decken gespeichert. Nachts strahlt die gespeicherte Wärme gleichmäßig zurück in die Wohnräume, die alle an der Südfassade liegen. Die untergeordneten Räume schirmen die Nordseite als Puffer ab. Sommerlichen Schutz vor Hitze gewähren die Bäume und das weit überstehende Dach. Für Kühlung sorgt Querlüftung, besonders in der Nacht, wenn die Außenluft schon abgekühlt ist.

Konstruktion

Wintergarten als klassische Gewächshauskonstruktion aus feuerverzinkten Stahlprofilen; Kittverglasung mit Isolierglas. Bei ungünstigen klimatischen Bedingungen und aufgrund konstruktiv bedingter Undichtigkeiten kann sich an den (thermisch nicht getrennten) Profilen Schwitzwasser bilden, das abtropft und im offenen Boden versickert.

Der Vorteil der klassischen Gewächshauskonstruktion liegt vor allem an den schmalen Profilen, die gegenüber den üblichen Systembauteilen leicht und filigran wirken. Gemäß den hier gestellten Nutzungsanforderungen erfüllt die einfache Glashauskonstruktion voll ihren Zweck.

Lüftung, Heizung, Sonnenschutz

Primäre Lüftung mit großen Klappflügeln im Firstbereich. Mit Ausnahme des Dachüberstandes keine zusätzlichen Verschattungseinrichtungen. Sommerliche Temperaturspitzen im Glashaus bis über 30 °C werden in Kauf genommen. Die Speichermassen sorgen für eine hohe thermische Kompensation. Im Winter sinkt die Temperatur im Glashaus nur bei Außentemperaturen unter −15 °C unter den Gefrierpunkt. In Laufe von sieben Jahren mußte bislang ganze zweimal nachgeheizt werden (um frostempfindliche Gewächshauspflanzen zu schützen).

Mit (teurerem) Wärmeschutzglas ließe sich das Absinken der Glashaustemperatur unter den Gefrierpunkt vermeiden.

Kosten

Die Tragkonstruktion wurde von einem ortsansässigen Schmied gefertigt. Kosten mit Verglasung: DM 22.000,– Für dieselbe Ausführung lagen Angebote bis zu DM 80.000,– vor.

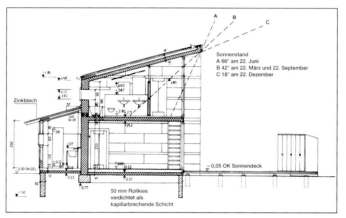

Schnitt A-A, M. 1:200

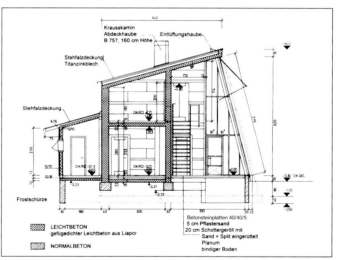

Schnitt B-B, M.1:200

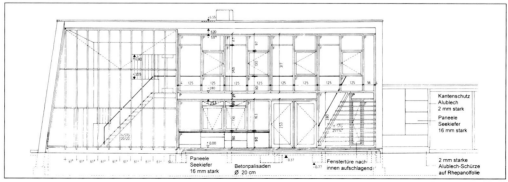

Ansicht von Süden, M. 1:200

Gewächshäuser

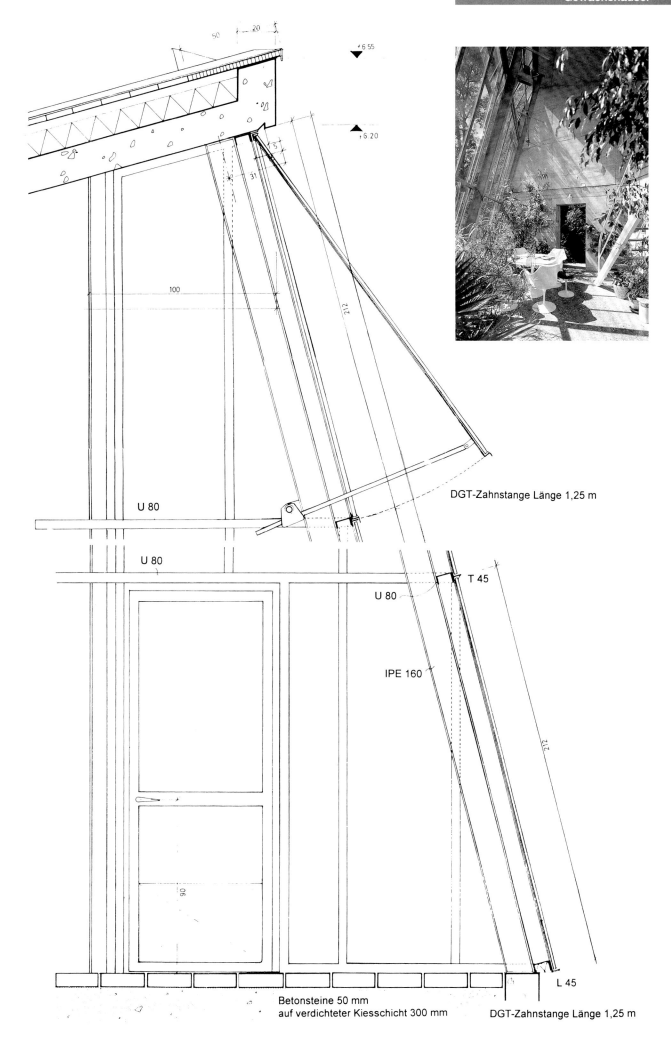

DGT-Zahnstange Länge 1,25 m

U 80
U 80
U 80
T 45
IPE 160
L 45

Betonsteine 50 mm
auf verdichteter Kiesschicht 300 mm

DGT-Zahnstange Länge 1,25 m

Sonnenhaus Riederau

Dachaufbau:

Stehfalzdeckung in Titanzinkblech
Glasvliesbitumenbahn V 13
Dachschalung 24 mm
WD Uniroll WLG 035, 120 mm
zwischen Sparren 6/16 cm
Glasvliesbitumenbahn V13 als Dampfbremse
Betondecke LB 25

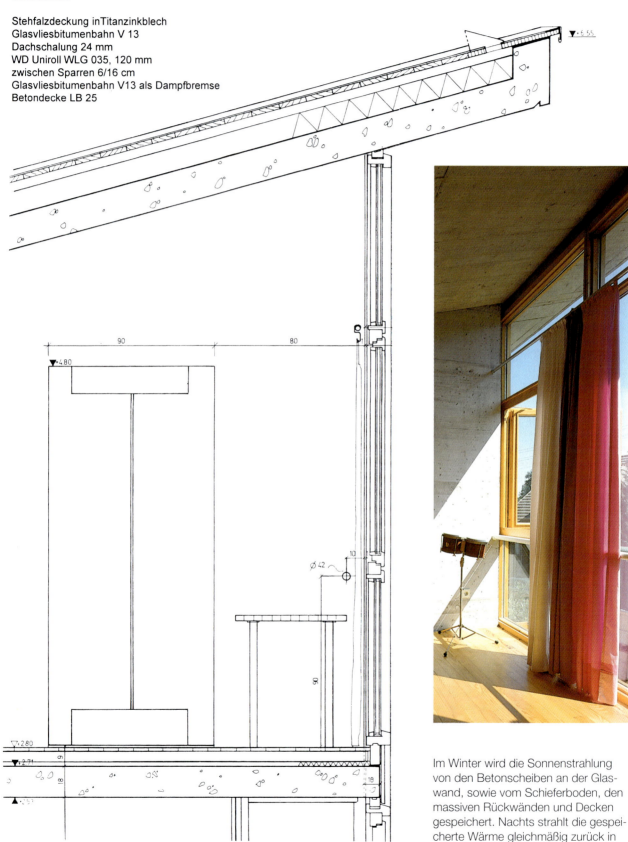

Schnitt Südfassade Obergeschoß, M 1:20

Im Winter wird die Sonnenstrahlung von den Betonscheiben an der Glaswand, sowie vom Schieferboden, den massiven Rückwänden und Decken gespeichert. Nachts strahlt die gespeicherte Wärme gleichmäßig zurück in die Wohnräume, die alle an der Südfassade liegen. Die untergeordneten Räume schirmen die Nordseite als Puffer ab. Sommerlichen Schutz vor

Gewächshäuser

Foliengewächshaus

Architekten:	Bela Bambek, Ingrid Bambek-Schöttle, Stuttgart-Untertürkheim
Projekt:	Wohnhaus mit Folien-Gewächshaus
Standort:	Stuttgart-Untertürkheim
Baujahr:	1989
Wohnfläche:	147 m²
Grundfläche Grünhaus:	ca. 20 m²
Baukosten Grünhaus:	ca. DM 41.000,– (davon DM 15.000,– Folie; DM 26.000,– Stahlkonstruktion)
Heizenergieverbrauch:	ca. 27–35% Einsparung durch aktive Solarnutzung

Lage

Das Grundstück befindet sich auf dem Gelände eines ehemaligen Steinbruches am Fuße einer ca. 15 Meter hohen Felswand. Vom alten Steinbruch zeugt noch eine Grotte mit diversen Stollenläufen, die inzwischen als Sauna und Schwimmbad genutzt werden.

Die Ruinen verlassener Betriebsgebäude wurden entfernt, die Fläche kultiviert und zwischen neuem Haus und Fels ein ca. 120 m² großer Foliensee angelegt.

Foliengewächshaus

Merkmale der Anlage

Das Gebäude basiert auf einer Stahlkonstruktion, die außen mit Sandwichelementen verkleidet ist und zusammen mit dem Grünhaus einen Kontrapunkt zur umliegenden Bebauung setzt.

Folien-Gewächshaus

Das südseitig an das Gebäude angeschlossene Gewächshaus besteht aus einer Stahl-Folienkonstruktion. Zum Teich hin geht das Folienhaus zweihüftig in kleinere Glashäuser über, die als Wohn- bzw. Eßbereich genutzt werden.

Konstruktion

Grundfläche ca. 20 m², Höhe ca. 13 m, Fassade und Dach mit Hostaflonfolie $\mu = 150$, höchste Reißfestigkeit (hat inzwischen schon viele Stürme unbeschadet überstanden, währenddessen Nachbarhäuser z.T. abgedeckt wurden), UV-durchlässig (günstig für Pflanzen), selbstreinigend (auf Grund hoher Oberflächenglätte besser als bei normalem Fensterglas), nur die unterschnittenen Flächen müssen einmal jährlich auf der Innenseite von abgelagertem Staub gereinigt werden.
Der Vorteil der Folie liegt vor allem in der Überdeckung großer Flächen ohne störende Quer- und Längsstöße. Die Montage ist einfach, im vorliegenden Fall konnte sie vom Architekten zusammen mit einer Hilfskraft innerhalb eines Tages durchgeführt werden. Dazu wurde die Folie zunächst vorbereitet, d.h. auf Maß zugeschnitten und im Randbereich mit einer eingearbeiteten Schnur verstärkt, womit die Folie seitlich in die Kederprofile eingehängt und an den Horizontalstößen in Alu-Klemmprofile eingespannt werden kann. Die Kederprofile sind in Sonderanfertigung tief gezogene Aluprofile.
Bei Wärme kann die Folie leichte Falten werfen, bei Kälte ist sie wie in einer Trommel glatt eingespannt.

Schnitt Grünhaus

Schnitt Wohnbereich

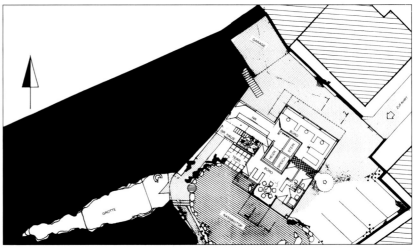

Grundriß Erdgeschoß

Gewächshäuser

Das über vier Ebenen hinaufreichende Grünhaus wird als Eingang und als passiver und aktiver Sonnenenergielieferant für das ganze Haus genutzt

Foliengewächshaus

Klimatisierung

Auf Knopfdruck wird gleichzeitig die Be- und Entlüftung geregelt, zum einen durch ein Kippfenster im Erdgeschoß, zum anderen durch eine 2,6 x 1,0 m große Lichtkuppel im Firstbereich. Über das untere Fenster strömt kühle Luft aus dem nördlichen Teichbereich ein. Im 13 m hohen Grünhaus entsteht auf Grund der günstigen Thermik eine optimale Luftdurchspülung. Wasser und Pflanzen sorgen zusätzlich dafür, daß es selbst bei höchsten Außentemperaturen im Gewächshaus 2–3° kühler bleibt. Als Verschattung dienen beidseitig alubeschichtete Folien-Rollos, die innenseitig angebracht sind. Die Folie erfüllt mehrere Aufgaben:
1. Wintersituation: Rückstrahlung der Wärmestrahlen im Grünhaus.
2. Sommersituation: Abschattung gegen Sonnenstrahlung zu etwa 80%.
3. Durch Spiegeleffekt Umlenkung der Sonnenstrahlen auf Kollektorfläche.

Die Verschattungsfolie ist noch verbesserungsbedürftig, in den Faltenbereichen blättert die Alubeschichtung allmählich ab. Günstiger wäre eine eingewebte Alufolie.

Heizung

Heizmöglichkeit mit zwei Systemen:
1. Luftkollektor-Heizung
2. Elektro-Speicherblock-Heizung.

Mit den Luftkollektoren wird vorwiegend von Mitte März bis Mitte November geheizt. Im Sommer wird die Grotte mit Schwimmbad temperiert.

25 m^2 Luftkollektoren befinden sich an der Rückwand des Grünhauses. Die Luftkollektoren sind mit Hostaflon-Folie $\mu = 50$ bespannt, die Rückfront besteht aus einem Spezialabsorber. Im Kollektor sind Leitbleche angebracht, damit die Kollektoren gleichmäßig von Luft durchströmt werden. Über ein Röhrensystem und mit Hilfe des Ventilators im Keller kann die Warmluft aus dem Kollektor von oben in einen zweizelligen, 2 x 5 m^3 großen Steinspeicher eingeblasen werden. Vorwiegend in den Übergangszeiten wird die Warmluft dann als Fußbodenheizung genutzt. Laut Angaben des Architekten und Bauherrn in Personalunion liegt die Energieeinsparung durch das Luftkollektor-Speichersystem bei 27 bis 35%.

Das zweite Heizsystem, die Elektro-Monoblock-Luftheizung, dient ebenfalls als Fußbodenheizung der Alu-Trapezbleche sowie der Wand-Hypokaustenheizung. Die beiden Systeme, Luftkollektor-Steinspeicher-Kreislauf und Magnesitspeicher-Kreislauf, lassen sich miteinander koppeln und können sich bei Bedarf gegenseitig mit Wärmespitzen ergänzen.

Das Gewächshaus wird separat über einen kleinen elektrischen Ofen beheizt, der die mediterrane und einheimische Bepflanzung vor Frost schützt. Laut Angaben der Architekten tritt die Heizung jährlich im Schnitt zweimal in Aktion. Die wandnahen Pflanzen zeigen hin und wieder kleine Frostschäden, die aber keinen Einfluß auf das Wachstum haben. Innerhalb von fünf Jahren mußte bislang keine einzige Pflanze ausgetauscht werden. Insgesamt hat sich das Klima im Gewächshaus als äußerst günstig erwiesen.

Gewächshäuser

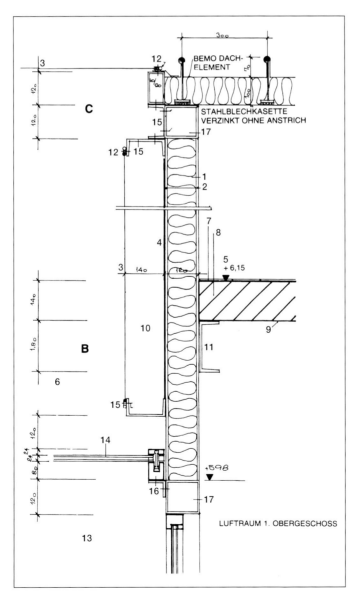

1 Dämmung 100 mm
2 Rigipsplatte 12,5 mm
3 Hostaflon E.T. µ = 50
4 Absorberfläche schwarz
5 Dachgeschoß
6 Luftraum Grünhaus
7 Fliesen
8 STB-Fertigteildecke
9 Anstrich
10 Luftkollektor
11 □ 180/4,5
12 Alu-Kederprofil
13 Luftraum Eß- und Wohnzimmer
14 Glasdach 45° k = 3,0
15 □ 140/60/7
16 L 65/65/8
17 Stahlskelettkonstruktion 120/4,5

Schnitt Luftkollektor

Foliengewächshaus

Blick in den Eingangsbereich

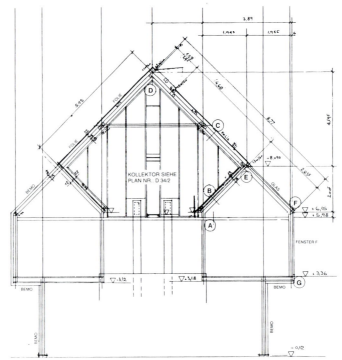

Schnitt Grünhaus

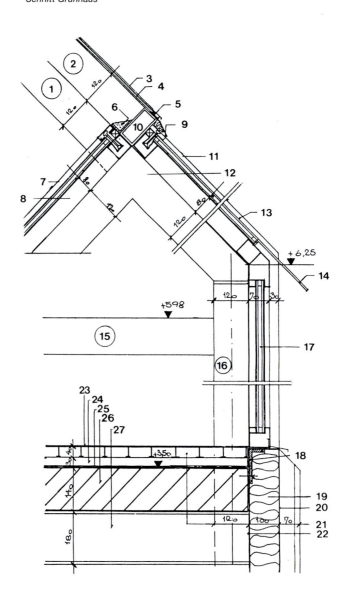

Schnitt Glashaus/Foliengewächshaus

1. Rahmenkonstruktion 120/4,5
2. Rahmenkonstruktion Folie
3. Kederprofil
4. Hostaflon E.T.
5. Alu-Klemmprofil
6. Silikon
7. Glas k = 3,0
8. Fensterrahmen
9. Alublech
10. Viereckrohr 60/120/3
11. Glas k = 3,0
12. Rahmenkonstruktion 120/4,5
13. Abdeckleiste
14. Stufenglas
15. Rahmenkonstruktion 120/4,5
16. Stütze
17. Alufenster, fest verglast
18. L 55/110/5
19. Dämmung 100 mm
20. Bemo 30
21. Fußboden-Luftheizung
22. Stahlblechkassette verzinkt
23. Alu-Stegprofil
24. Unterkonstruktion
25. Reflexionsfläche Alu
26. STB-Fertigteildecke
27.][180

Gewächshäuser

Wohnhaus in Wuppertal

Architekten:	Rainer Franke, Rainer Gebhard, Karlsruhe
Projekt:	Einfamilienhaus
Standort:	Wuppertal
Baujahr:	1989
Baukosten:	DM 461.900,– (brutto)
Kosten/Wintergarten:	ca. DM 18.400,–

Eine trapezförmige Baulücke in einem hügeligen Vorort Wuppertals mit Gefälle nach Süden zur Autobahn stand als Grundstück für dieses Einfamilienhaus zur Verfügung. Von der einheitlichen Siedlungshausstruktur der Umgebung war in dieser Straße nur noch das Grundmuster übriggeblieben: eine eingeschossige Doppelhausbebauung aus der Nachkriegszeit.

Auf Grund der Familiengröße (drei Kinder) und der geringen Grundstücksbreite wurde eine zweigeschossige Bebauung notwendig. Die Geschoßebenen sind entsprechend der Hangneigung versetzt, das tonnenförmig gebogene Satteldach ist auf der Gartenseite abgeschleppt.

Wohnhaus Wuppertal

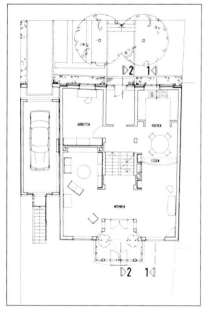

Grundriß Erdgeschoß

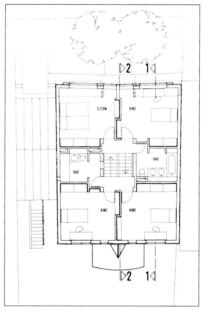

Grundriß Obergeschoß

Schnitt 1–1   *Schnitt 2–2*

Im Innern ist das Haus wie ein Möbelstück konzipiert. Jede Ecke wird in Form einer Möblierungszone genutzt. Die beiden Bäder sind jeweils zwei Zimmern zugeordnet, der Eßplatz geht über eine Empore in den Wohnraum über, und dieser wiederum mündet über den Wintergarten ins Freie. Der Wintergarten dient u.a. auch als Pufferzone gegen den Autobahnlärm.

Konstruktion

Entsprechend seiner Nutzung wurde der Wintergarten als einfache Gewächshauskonstruktion geplant, d.h. mit Einfachverglasung und ohne Heizung. Das Tragsystem besteht aus feuerverzinkten Stahlprofilen; die Gläser sind sowohl an der Fassade als auch im Oberlicht trocken verglast. Bei der Vertikalverglasung dienen feuerverzinkte L-Profile als Glashalteleisten, die mit dem Rahmen verschraubt werden. Eine thermische Trennung der Innen- und Außenprofile erübrigt sich naturgemäß bei reinen Gewächshäusern.

Lüftung

Da das Dach bis auf das kleine Oberlicht nicht transparent ist, werden eine übermäßige Sonneneinstrahlung und damit einhergehende Überhitzung des Wintergartens von vornherein deutlich eingeschränkt. Dennoch wurde auf eine großzügig dimensionierte Belüftung geachtet, die zum einen über die zweiflügelige Außentüre, zum anderen über Hahn-Lamellenfenster ermöglicht wird. Als Speichermassen dienen das massive Betonpflaster (ohne Bodenplatte) sowie die Sichtbetondecke und die Kalksandstein-Wandscheiben mit den Glasbausteinen. In der kalten Jahreszeit kann der Wintergarten vollkommen vom Wohnraum getrennt werden.

Kosten

Den Fassadenanteil zum Wohnraum nicht mitgerechnet, beliefen sich die Bruttokosten (1989) für den Wintergarten auf DM 18.400,– (davon Schlosserarbeiten DM 10.900,–, Boden und Dach DM 7.500,–).

Gewächshäuser

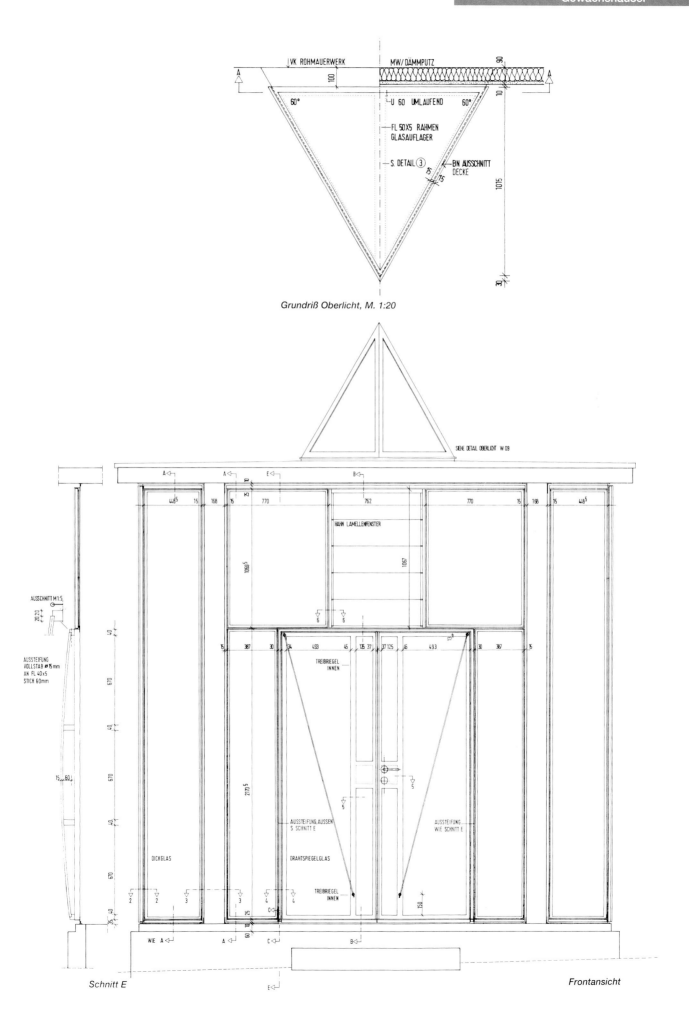

Grundriß Oberlicht, M. 1:20

Schnitt E *Frontansicht*

Wohnhaus Wuppertal

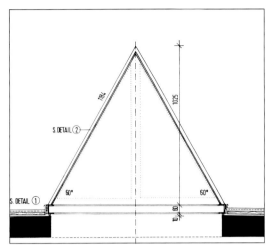

Schnitt A-A, M. 1:20

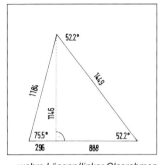

wahre Längen/linker Glasrahmen

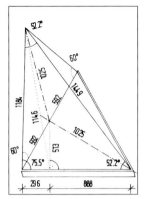

Grundgeometrie (Außenmaß)

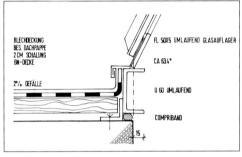

Detail 1, Fußpunkt, M. 1:5

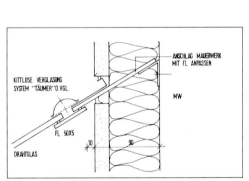

Detail 2, Anschluß Mauerwerk, M. 1:5

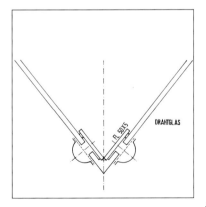

Detail 3, Grat, M. 1:5

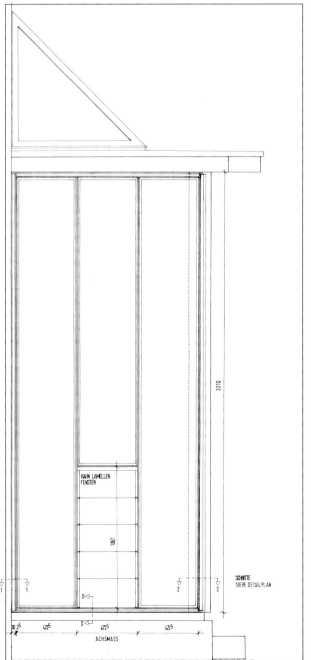

Seitenansicht

Gewächshäuser

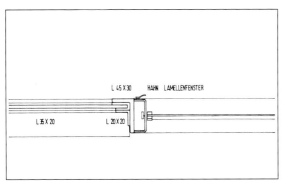

Grundriß 6-6, M. 1:5

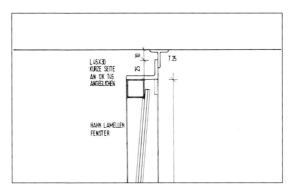

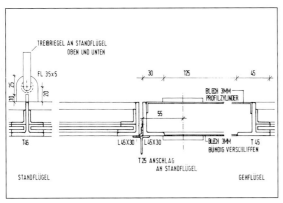

Grundriß 5-5, M. 1:5

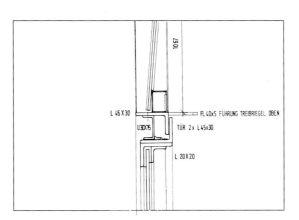

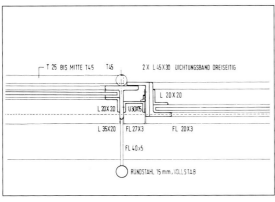

Grundriß 4-4, M. 1:5

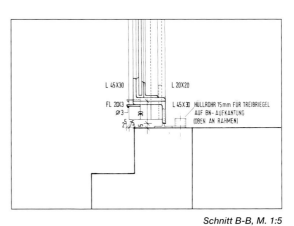

Schnitt B-B, M. 1:5

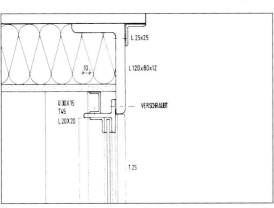

Grundriß 1-1, M. 1:5

Schnitt C-C, M. 1:5

Wohnhaus Wuppertal

Ecksituation Wintergarten

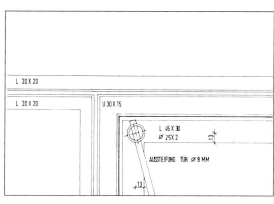

Ansicht Front/Tür, M. 1:5

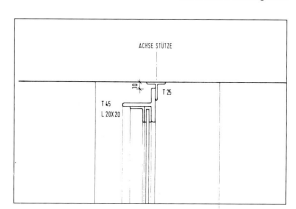

Schnitt A-A, M. 1:5

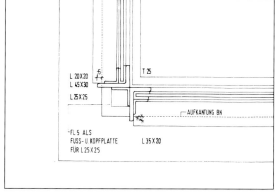

Grundriß 2-2, M. 1:5

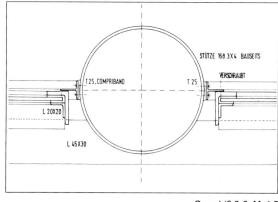

Grundriß 3-3, M. 1:5

Anlehnwintergärten

Haus Stöger

Projekt:	Umbau eines Wohnhauses aus den 50er Jahren
Architekt:	Josef Stöger, Schönberg
Umbaukosten:	DM 150.000,–
Kosten Glasanbauten:	DM 30.000,–

Das ehemalige Doppelhaus aus den 50er Jahren wurde in zwei Phasen umgebaut. Nach dem Innenausbau im Jahre 1984 folgte 1987 die Neugestaltung der Fassade mit den Glasanbauten an der Süd- und Westseite. Aus dem Freisitz entstand ein „echter", vom Wohnraum abtrennbarer Wintergarten mit einer Grundfläche von ca. 10,8 m². Ein zweiter Glasanbau erweitert das Eßzimmer, und zum Schutz des Eigangsbereiches wurde auf der Westseite ein gläserner Windfang vorgebaut.

Haus Stöger

Konstruktion

Das Tragwerk ist eine Pfosten-Riegel-Konstruktion aus 6/12-Leimholzbindern, wobei alle der Witterung ausgesetzten Teile mit weiß beschichtetem Aluminiumblech geschützt sind. Trotz Holzkonstruktion wirkt das Tragwerk dank der schmalen Dimensionierung filigran und leicht, zudem ist diese Lösung kostengünstiger als eine reine Alukonstruktion.

Um die Eckpfosten nicht zu massiv werden zu lassen, wurden sie im Querschnitt L-förmig angelegt. Diese Ausführung reduziert zugleich thermische Schwachstellen in den Ecken.

Für die Verglasung kam herkömmliches Isolierglas (VSG) zum Einsatz, das trocken verglast ist und von Alu-Profilen gehalten wird.

Klimatisierung

Der „echte" Wintergarten verfügt über eine konventionelle Heizung. Sie dient jedoch ausschließlich dazu, bei Außenfrost die Innentemperatur nicht unter ca. 5 °C sinken zu lassen, damit die mediterranen Pflanzen keinen Schaden nehmen. Bei ungünstigen Witterungsbedingungen bildet sich beizeiten Tauwasser „in noch vertretbarem Maße", wie der Architekt und Bauherr anmerkt. Gravierende Schäden haben sich bislang nicht eingestellt, so daß Gegenmaßnahmen nicht notwendig wurden. Im erweiterten Glasanbau des Eßzimmers unterbindet dagegen die scheibennahe Bodenkonvektorheizung jegliche Tauwasserbildung.

Ursprünglich war für die südseitigen Glasanbauten im Vertrauen auf die natürliche Beschattung durch nahe Laubbäume kein zusätzlicher Sonnenschutz vorgesehen. Wie sich aber schon bald herausstellte, reichte dies nicht aus, so daß nachträglich außenliegende Schräg-senkrecht-Markisen angebracht wurden.

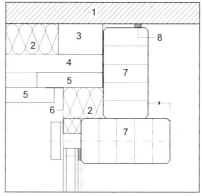

Detail Wandanschluß, M. 1:5

1. Mauerwerk
2. Wärmedämmung
3. Latte 60/40 mm
4. Konterlattung 24/48 mm
5. Schalung 90/20 mm
6. Alu-Verblechung
7. BSH-Stütze 60/120 mm
8. Dichtband

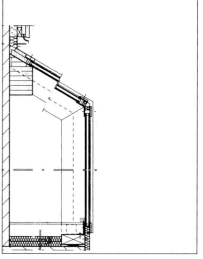

Vertikalschnitt, M. 1:20

Anlehnwintergärten

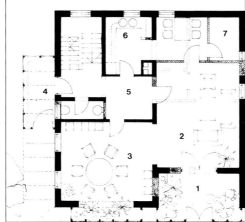

Grundriß Erdgeschoß, M. 1:200

1. Wintergarten
2. Wohnzimmer
3. Eßzimmer
4. Windfang
5. Diele
6. Küche
7. Abstellraum

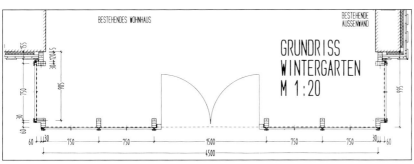

Grundriß Wintergarten, M. 1:50

Haus Stöger

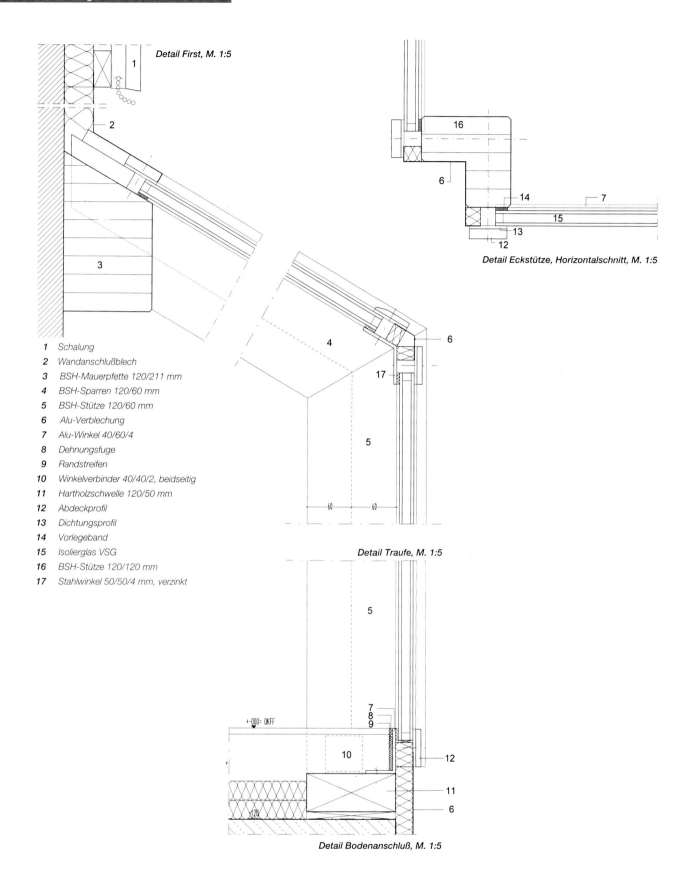

Detail First, M. 1:5

Detail Eckstütze, Horizontalschnitt, M. 1:5

Detail Traufe, M. 1:5

Detail Bodenanschluß, M. 1:5

1 Schalung
2 Wandanschlußblech
3 BSH-Mauerpfette 120/211 mm
4 BSH-Sparren 120/60 mm
5 BSH-Stütze 120/60 mm
6 Alu-Verblechung
7 Alu-Winkel 40/60/4
8 Dehnungsfuge
9 Randstreifen
10 Winkelverbinder 40/40/2, beidseitig
11 Hartholzschwelle 120/50 mm
12 Abdeckprofil
13 Dichtungsprofil
14 Vorlegeband
15 Isolierglas VSG
16 BSH-Stütze 120/120 mm
17 Stahlwinkel 50/50/4 mm, verzinkt

Anlehnwintergärten

Sonnenspeicher

Architektin:	Annette Rinn, München
Projektleiterin:	Elke Dünisch
Nutzfläche Wintergarten:	39 m² (EG + OG)
Kosten Wintergarten:	DM 220.000,– (netto)

Zusammen mit der Fassadensanierung des alten und zu eng gewordenen Holzhauses wurde ein abgestufter zweistöckiger Wintergarten an die Gartenseite des Hauses angefügt. Die Fassade, ursprünglich holzverschindelt, dann mit Asbestzementplatten überdeckt, erhielt eine neue blau-grün lasierte Lärchenholzverschalung.

Mit dem Wintergarten werden sowohl der Wohnraum erweitert wie auch ein neuer Eßbereich geschaffen.

Tragsystem

Bei Holztragsystemen gilt die erste Überlegung der räumlichen Unverschiebbarkeit des Glasanbaus. Gängige Aussteifungsprinzipien sind

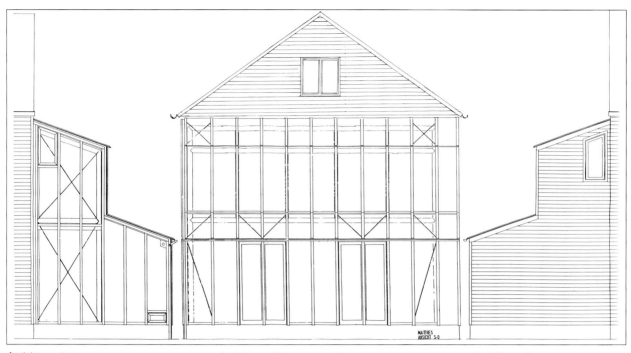

Ansicht von Südwesten Ansicht von Südosten Ansicht von Nordosten

– Diagonalen in Dach- oder Wandbereichen,
– Scheiben in Teilbereichen,
– Rahmen,
– eingespannte Stützen, Kopfbänder oder Streben,
– Dreiecke in Wand oder Dach.

Besonders zu beachten ist dabei, daß die zu erwartenden Verformungen kleiner als die „Spielräume" des Glases in den Glashalterungen sein sollen. Möglichst steife Konstruktionen sind deshalb zweckmäßig; oft entscheidet man sich aus diesem Grund für Holz-Stahlkonstruktionen.

Über das bestehende Holzhaus konnten aus statischen Gründen keine Lasten abgeführt werden. Als primäres Aussteifungssystem wurde deshalb ein eingespannter Stahlrohrrahmen gewählt, der als zusätzliche Aussteifung an die nordostseitige Wandscheibe angedockt ist. Die Stahlkonstruktion, bestehend aus zwei Vierendeelträgern auf Stahlstützen, übernimmt die Horizontal- und Vertikalkräfte und überträgt sie auf die Stahlbetonstützen in der Wandscheibe. Diagonalverbindungen wie bei Fachwerkträgern entfallen bei diesem Verband. Somit kann sich die Statik auf nur wenige aussteifende Elemente beschränken. Ein weiterer Vorteil ist, daß für die Holzkonstruktion relativ schmale Brettschichthölzer verwendet werden können, die die Filigranität der Konstruktion unterstützen.

Im eingeschoßigen Glasvorbau wurde die Traufsituation mit einer durchlaufenden Stahlrohrpfette gelöst, die über Stahllaschen mit den Holzpfosten und -sparren verbunden ist. Am Fußpunkt sind die Pfosten über eine Stahlplatte mit eingenuteter Lasche am Betonsockel befestigt.

Verglasung und Holzschutz

Für die Verglasung wurde Wärmeschutzglas mit einem k-Wert von 1,3 W/m²K gewählt (anstelle der ursprünglich vorgesehenen Dreifachverglasung). Im Fassadenbereich bestehen die außenliegenden Glashalteleisten aus harzreichem und damit witterungsbeständigerem Lärchenholz.

Heizung und Klimatisierung

Der Wintergarten soll ganzjährig bewohnbar sein und verfügt über zwei eigenständige, jeweils geschlossene Heizkreise. Der erste Heizkreis läuft über die doppelkammrigen Hourdisziegel vor der gedämmten Speicherwand. Bei Sonnenstrahlung erwärmt sich die Luft in den vorderen Kammern, steigt hoch und kühlt sich in den hinteren Kammern ab, indem sie die Wärme an die Speicherwand abgibt.

Nordostansicht, M. 1:400   Südwestansicht, M. 1:400   Südostansicht, M. 1:400   Nordwestansicht, M. 1:400

Anlehnwintergärten

Der zweite Heizkreis befindet sich im Hourdis-Fußboden. Die hier entstehende warme Luft wird mit einem Ventilator in den Kiesspeicher unter der Bodenplatte gepumpt. An kalten Tagen kann der Fußboden mittels Wärmetauscher vom Heizkessel aus beheizt werden.

Sonnenschutz und Lüftung

Auf Grund des dichten Baumbestandes wurde auf natürlichen Sonnenschutz ohne zusätzliche Einrichtungen gesetzt. Lüftungsmöglichkeiten bestehen über die zweiflügelige Außentüre und die Öffnungsflügel im Sockel- und Firstbereich der beiden Seitenfassaden.

Auf Lüftungsflügel im Schrägdachbereich wurde auf Grund des höheren Aufwands sowie der guten Erfahrungen, die bei ähnlichen Projekten mit dem einfachen Lüftungssystem gemacht wurden, verzichtet.

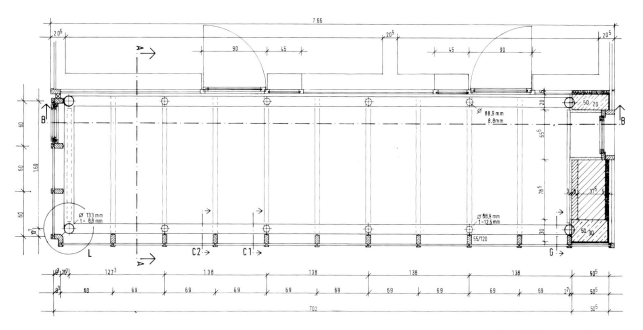

Grundriß Obergeschoß, M. 1:50

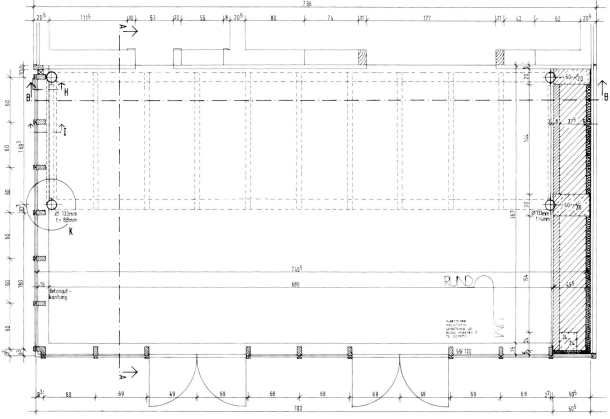

Grundriß Erdgeschoß, M. 1:50

Sonnenspeicher

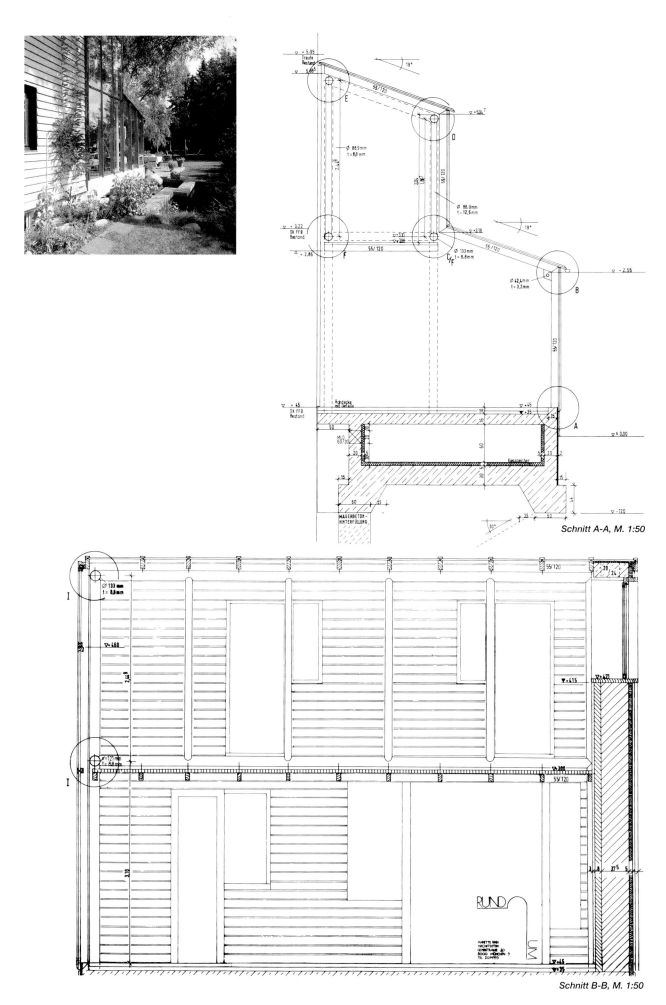

Schnitt A-A, M. 1:50

Schnitt B-B, M. 1:50

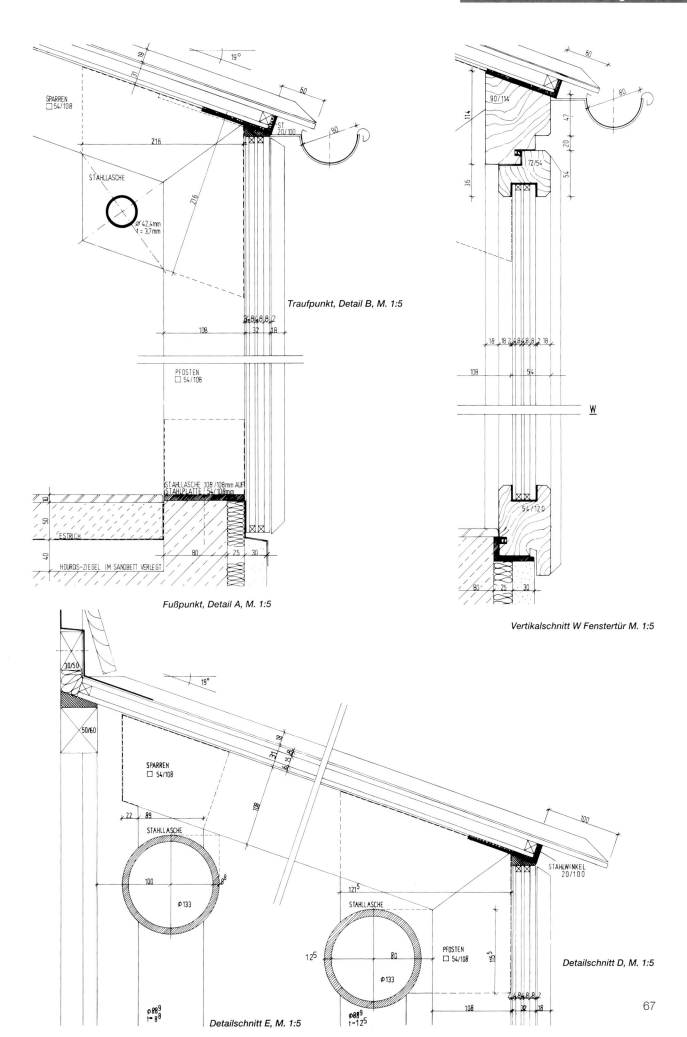

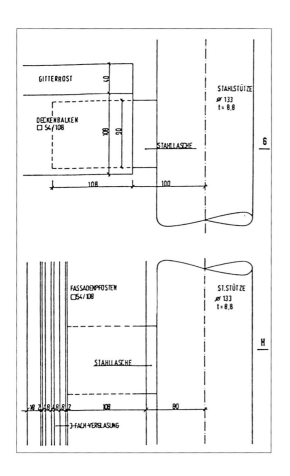

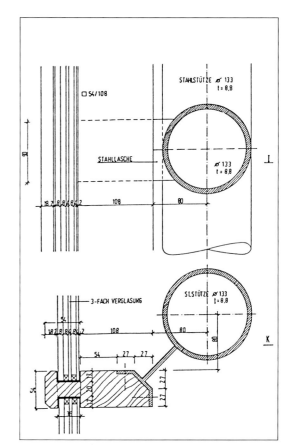

Detailschnitt G, I, H, K, M.1:5

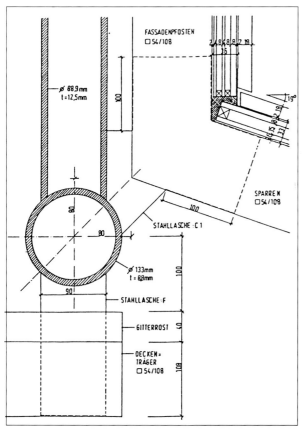

*Anschluß Fassade/Dach/Decke an Untergurt,
Detailschnitt C1/F, M. 1:5*

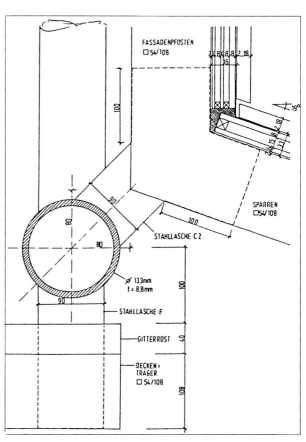

*Anschluß Fassade/Dach/Decke an Untergurt,
Detailschnitt C2/F, M. 1:5*

Anlehnwintergärten

Sonnenspeicher

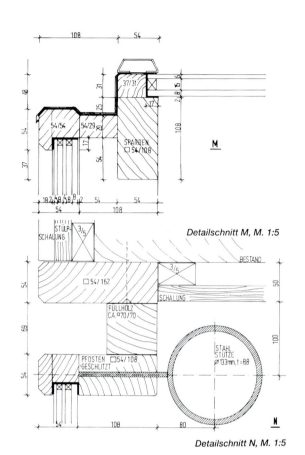

Detailschnitt M, M. 1:5

Detailschnitt N, M. 1:5

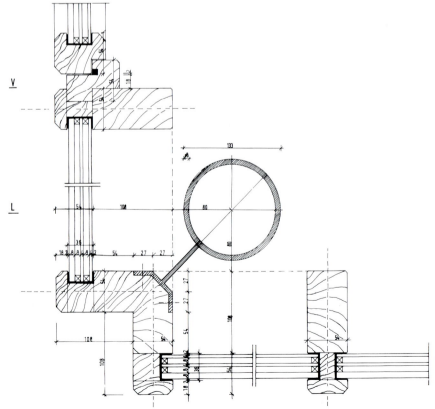

Detailschnitt L, Anschluß Lüftungsklappe V, M. 1:5

Anlehnwintergärten

Energiefalle

Projekt:	Anlehn-Wintergarten an ein bestehendes Wohnhaus
Architekt:	Alessandro Vasella, Berlin
Grundfläche Glashaus:	ca. 25 m²
Baukosten Glashaus:	ca. 2000,–DM/m² Hüllfläche

Der zweigeschossige Glasanbau an die Südwestseite einer Doppelhaushälfte ist im Frühjahr 1993 fertiggestellt worden. Das unterkellerte, zweigeschossige Gebäude gehört zu der Mitte der 20er Jahre gebauten Gartenstadt Neu-Tempelhof. Es ist ein verputzter Mauerwerksbau mit Luftschichtmauerwerk und einem 45° geneigten Ziegeldach.

Als letztes, aber wesentliches Element eines energetischen Gesamtkonzepts übernimmt das nicht beheizte Anlehngewächshaus neben der Bereicherung der Wohnqualität die Funktion eines großen Klimapuffers. Es dient als Energiefalle und nutzt die passive Komponente des Sonnenenergieangebotes.

Energiefalle

Die Aufgabenstellung des Bauherrn machte von Anfang an deutlich, daß die gewünschte Aufenthaltsqualität ohne technischen Aufwand zu bewerkstelligen sein sollte, d.h. möglichst ohne bewegliche und reparaturanfällige Sonnen- bzw. Wärmeschutzelemente und ohne mechanische energieaufwendige Lüftungselemente. Neben der einfachen Handhabung bei Anwesenheit sollte aber auch bei längerer Abwesenheit die Funktionsfähigkeit gewährleistet bleiben, damit die Pflanzen keinen Schaden leiden oder gar eingehen.

Weitere zentrale Aufgabenstellungen waren:

– Materialwahl aus ökologischer Sicht,
– Qualität des Wärmeschutzes für die nicht beheizte Hülle (Gewährung der Frostfreiheit ohne Zusatzheizung),
– Warmlufttransport ins Haus,
– Sonnenschutz,
– Lüftung, insbesondere auch bei Abwesenheit.

Realisierung

Der Anbau ist innerhalb der zulässigen Bebauungstiefe von 13 m geplant und steht auf der Grenze zum Nachbargrundstück. Die tragende Konstruktion des bestehenden Gebäudes wurde nicht verändert.
Aus dem vorhandenen Gelände ergab sich die Zweigeschossigkeit, wobei die Gartenebene etwa in der Mitte zwischen Straßenniveau und dem Kellergeschoß liegt. Daraus ergab sich die Möglichkeit, einen Balkon auf EG-Ebene in das Gewächshaus einzuschieben und die Zweigeschossigkeit zu nutzen für Hochbeete, die höher liegen als das Kellergeschoß.
Die Giebelseite auf der Grenze ist als massive Wand (d = 24 cm) gemauert, die mit dem Glasdach bündig abschließt. Das Tragwerk ist als Massivholzkonstruktion ausgebildet, ebenso die Balkonebene im Erdgeschoß, die gleichzeitig der Aussteifung der Konstruktion dient.

Die wesentlichen Elemente des Funktionssystems sind:

– *Der integrierte Sonnenschutz in der Dachverglasung mit Okasolar-Lichtlenkgläsern:* Im 16 mm breiten Scheibenzwischenraum (außen 6 mm ESG, innen 8 mm VSG) sind parabolisch gewölbte hochglanz-

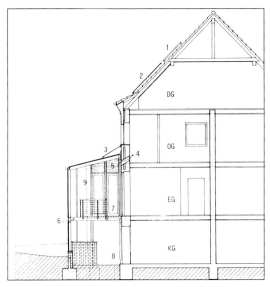

Schematischer Querschnitt

1 Thermosolaranlage
2 PV-Anlage 1-912 Wp
3 PV-Anlage 2-1200 Wp
4 Warmluft ins OG
5 Abluft
6 Zuluft
7 Balkonebene
8 Pflanzebene
9 Carport

Ansicht von Südsüdwest

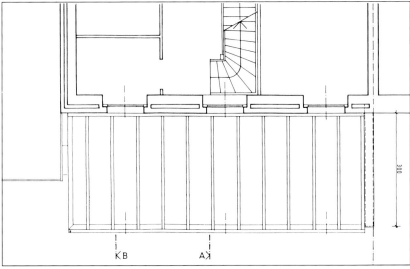

Dachaufsicht, M. 1:100

Anlehnwintergärten

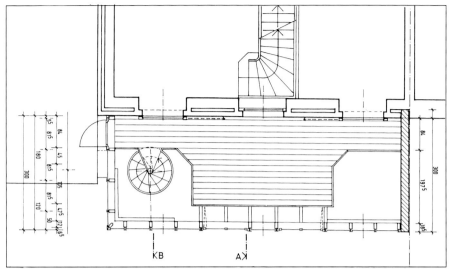

Grundriß Erdgeschoß, M. 1:100

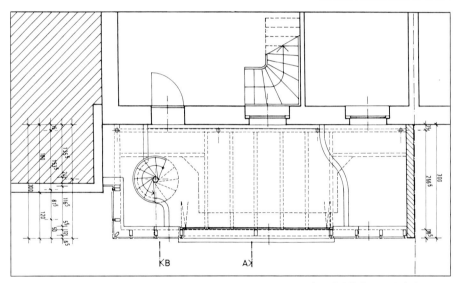

Grundriß Kellergeschoß, M. 1:100

polierte Aluminiumprofile als Lichtlenk- und Verschattungselemente fest eingebaut. Im Winter werden die flachen Lichtstrahlen durchgelassen und treffen auf die dunkelgestrichene Hauswand; vom Frühsommer an bis zum Herbst werden die steilen Lichtstrahlen durch die Lamellen zurückreflektiert. Es findet keine direkte Aufheizung der Hauswand mehr statt; dennoch erreicht diffus reflektiertes Licht den Innenraum. Die Wirkung ist also die eines „hellen Schattens". Der Abstand der Lamellen ist dennoch so groß, daß ein Durchblick möglich ist.
Die Scheiben sind vier- bis fünfmal so teuer wie eine einfache Isolierglasscheibe ohne Lamellen.

– *Die Ausführung der äußeren Glashülle mit Wärmeschutzglas (k = 1,3 W/m²K bzw. 1,5 W/m²K für die Dachverglasung):*
Die Preisdifferenz zu normal ausgeführten Isolierscheiben beträgt inzwischen nur noch ca. 60,– DM/m² (Materialpreis).

– *Großzügig dimensionierte Türen und Fenster (z.T. als Dreh-/Kipp-Fenster):*
Sie sorgen für eine gute Durchlüftung bei Anwesenheit. In der nur 13° geneigten Dachverglasung sind bewußt keine beweglichen Öffnungen eingebaut (wegen der Wasser- und Winddichtigkeit, aber auch wegen der nachträglich über dem Glasdach montierten PV-Anlage).

– *Zwei zweiflügelige Türen zum Haus anstelle der zwei Fenster im Erdgeschoß:*

Die Türflügel sind außen angeschlagen und können bei Bedarf 180° umgeschlagen werden. So ist eine volle Bewegungsfreiheit zwischen Haus und Balkon im Wintergarten gegeben.

– *Der von der äußeren Glashülle zurückspringende Balkon als Hauptaufenthaltsort in der oberen (wärmeren) Hälfte des Glashauses:*
Die Fenster sind geschoßhoch und gewähren einen freien Blick in den Garten. Der Balkon verschattet die untere Hälfte der Hauswand und verhindert so die sommerliche Überhitzung.
Die bis zu 5 m hohe senkrechte Verglasung der Südfront hat keine Verschattung. Diese Aufgabe übernehmen die vorhandenen Bäume im Garten.

– *In die Hauswand eingemauerte Lüftungsrohre und -kamine (aus glasiertem Ton):*
Durch manuell bedienbare, wärmegedämmte Holzklappen im Innern können die angrenzenden Räume im 1. Obergeschoß mit Warmluft versorgt werden (Bad, Arbeitszimmer, Dachraum).

Energiefalle

– *In das Glashaus integrierte Lüftungsklappen mit äußerem, fest eingebautem Wetterschutzgitter und innenliegender wärmegedämmter Holzklappe:*
Diese sind über Handkurbeln und Getriebe stufenlos bedienbar und ermöglichen auch eine einbruchsichere Dauerlüftung bei Abwesenheit.

– *Tragkonstruktion aus Brettschichtholz (einheimische Fichte):*
Die Frage der Holzqualität wurde intensiv diskutiert. Der Wunsch nach einer Massivholzkonstruktion (ohne verleimte Träger) schied aus, da bekanntlich die in Frage kommenden Hölzer aus Nordamerika (Oregon Pine, Red Pine etc.) eine ähnliche Raubbau-Problematik darstellen wie die Tropenhölzer.
Für die außenliegende tragende Holzkonstruktion im Untergeschoß fiel die Wahl auf die in Vergessenheit geratene Robinie, die die gleiche Widerstandsklassifizierung wie z.B. das tropische Bongossi aufweist.

– *BUG-Aluminium-Profilsystem für die Verglasung:*
Dieses von der Fa. BUG speziell für Wintergärten aus Holz entwickelte System läßt auch komplizierte und individuelle Detaillösungen zu. So werden z.B. die Holzfensterrahmen wie die Isolierscheiben mit dem gleichen Klemmprofil montiert. Der Übergang von fest verglasten Feldern mit Fenstern oder anderen Lüftungselementen ist somit unproblematisch (hier wurde bewußt trotz negativer Ökobilanz von Aluminium ein Kompromiß zugunsten besserer Haltbarkeit eingegangen).

Erfahrungen

Luftfeuchtigkeit und Kondenswasser sind häufig genannte Mängel beim Wintergarten. Besonders brisant wie in vorliegendem Fall wird die Problematik, wenn aus ökologischen Gründen Abdichtungsmaßnahmen am Fundament unterbleiben und ein großer Pflanzenbestand, dazu noch in offenem Boden, gefordert wird.
Als Hauptzeit für den Ausfall hoher Luftfeuchtigkeit hat sich die strahlungsarme Periode von Herbst bis Frühjahr herausgestellt. Insbesondere bei Hochdruckwetterlagen mit großer nächtlicher Negativ-Globalstrahlung ist die Kondenswasserbildung an der Schrägverglasung am größten. Die geringe Neigung unter 20° führt zum unerwünschten freien, d.h. unkontrollierten Abtropfen des Kondenswassers und bei mangelnder Lüftung zur Bildung von Schimmelpilzen, vor allem auf der geölten Holzkonstruktion (Nährstoffe), aber auch auf Pflanzen. Als Abhilfemaßnahme nennt Architekt Vasella in erster Linie eine regelmäßige, kontrollierte Lüftung: Die relativ feuchte Wintergartenluft (gemessen wurden bis zu 90 % rel. Feuchte bei Temperaturen von ca. 5 °C) muß durch relativ trockene Außenluft ersetzt werden. Der Luftaustausch erfolgt idealerweise am Nachmittag (vor Sonnenuntergang), wenn die Wintergartenluft durch Sonneneinstrahlung und die Verdunstungsaktivität der Pflanzen die größte relative Feuchte erreicht hat. Sinnvoll ist der Einsatz eines Kleinventilators (Inselbetrieb), eventuell gesteuert über eine Zeitschaltuhr. Ein stündlicher ein- bis zweimaliger Luftwechsel dürfte nach Meinung des Architekten ausreichend sein. Schwierig wird dies während der Dauerfrostperioden, da Temperaturen um 0 °C die subtropischen Pflanzen gefährden können. Die Außenluftzufuhr erfolgt deshalb zweckmäßig über ein unterirdisch (unter Frosttiefe!) geführtes Rohr (z.B. aus PE, DN 150), das in der Länge so dimensioniert sein sollte, daß sich die kalte Außenluft durch den direkten Wärmetausch mit den durch Erdkontakt ca. 10 °C warmen Rohrwandungen auf über 0 °C vorwärmt.

Dachschrägverglasung mit Okasolar-Lichtlenkgläsern

Anlehnwintergärten

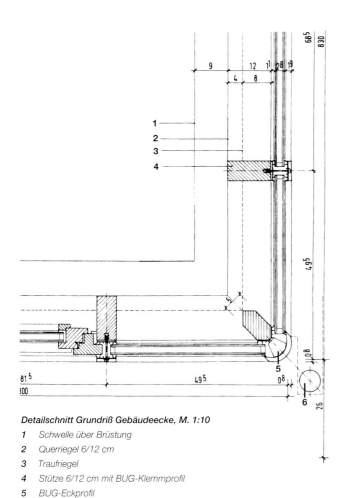

Detailschnitt Grundriß Gebäudeecke, M. 1:10
1. Schwelle über Brüstung
2. Querriegel 6/12 cm
3. Traufriegel
4. Stütze 6/12 cm mit BUG-Klemmprofil
5. BUG-Eckprofil
6. Regenrohr Ø 5,5 cm

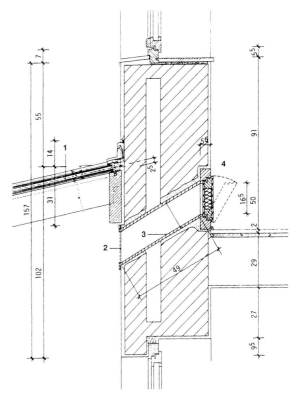

Warmluftkanäle in der Außenwand mit wärmegedämmten Lüftungsklappen, M. 1:20
1. OK Brandwand
2. Abdeckung mit Lüftungsgitter auf Holzrahmen
3. Drei glasierte Plewa-Schamotterohre LW 14/14
4. Wärmegedämmte Lüftungsklappe mit seitlicher Schere

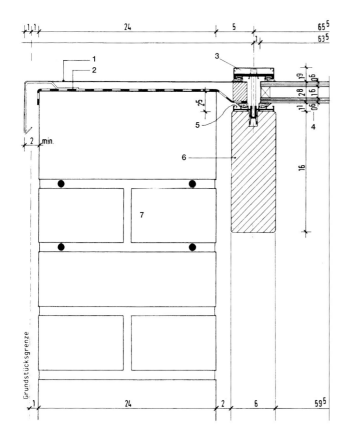

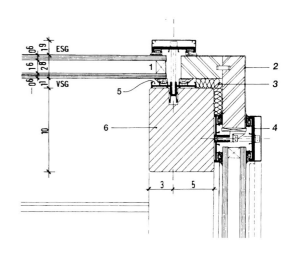

Detailschnitt Ortgang Brandwand, M. 1:5
1. ALCAN-Blech, abgekantet
2. Bitumenpappe
3. BUG-Klemmprofil
4. Okasolar-Lichtlenkglas
5. Schwitzwasserrinne
6. Sparren 6/16 cm
7. Verdeckter Ringbalken nach Statik (4 x Ø10)

Detailschnitt Ortgang Westgiebel, M. 1:5
1. SZR mit Lichtlenkung
2. ALCAN-Blech
3. Kokosfasern
4. BUG-Klemmprofil
5. Schwitzwasserrinne
6. Riegel 8/10 cm

Energiefalle

Detailschnitt First mit Wandanschluß, M. 1:5
1. BUG-Wandanschlußprofil auf Klemmprofil
2. SZR mit Lichtlenklamellen
3. Schwitzwasserkanal
4. vorhandener Außenputz bauseits entfernt
5. Streichbalken
6. Sparren 6/16 cm

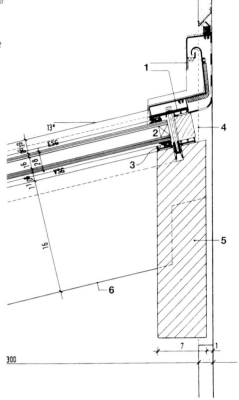

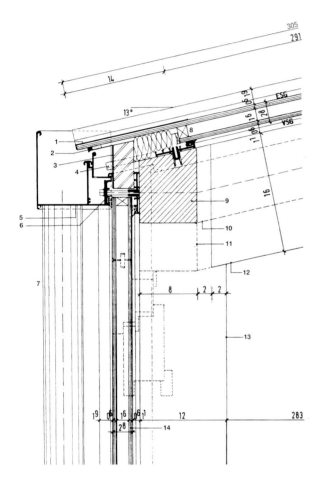

Detailschnitt Traufe, M. 1:5
1. V-4-A-Blech
2. Vorlegeband + Versiegelung
3. ALCAN-Blech
4. Profilentwässerung
5. BUG-Regenrinne
6. Klemmprofil
7. Regenrohr ⌀ 55 mm
8. Lichtlenkung
9. Traufriegel 8/10
10. UK Riegel Westgiebel
11. Wechsel im Fensterbereich
12. Sparren 6/16 cm
13. Pfosten 6/12 cm
14. Zweischeiben-Isolierglas

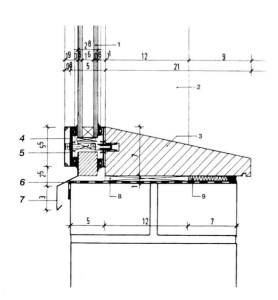

Detailschnitt Brüstung, M. 1:5
1. Zweischeiben-Isolierglas
2. Pfosten 6/12
3. Hartholzschwelle
4. BUG-Aluminiumklemmprofil
5. Verklotzungshalter
6. Bitumenpappe
7. ALCAN-Blech, abgekantet
8. Unterkeilung im Stützenbereich
9. Kokosfaser + Versiegelung

Anlehnwintergärten

Siedlung Wien-Stadlau

Architekten:	Reinberg, Treberspurg, Raith; Wien
Projekt:	Sozialer Wohnungsbau, Siedlung mit 19 Wohneinheiten, davon 9 von einem zweiten Architekturbüro geplant
Bauzeit:	1989 bis 1991
Wohnfläche:	ca. 112–125 m² je Wohneinheit (incl. Glashaus)
Baukosten:	ca. DM 220.000,– je WE (netto)

Es begann mit der Gründung des Vereins „Projekt Alternatives Wohnen", was schließlich zur Verwirklichung des ersten ökologischen Wohnprojektes in Wien-Purkersdorf führte. Die Pionierleistung und das Neue an diesem Vorhaben waren, daß hier erstmals ökologische Ansprüche formuliert und realisiert wurden, die u.a. zum Ziel hatten, die Sonnenenergie konsequent zu Heizzwecken einzusetzen. Heute kann die Architektengemeinschaft Reinberg, Treberspurg, Raith anhand einer Vielzahl von weiteren Solarprojekten auf eine mehr als zehnjährige Erfahrung bei der aktiven und passiven Nutzung von Sonnenenergie zurückgreifen,

77

Siedlung Wien-Stadlau

wobei Glasanbauten immer eine zentrale Rolle spielten.

Lage, Situation und Konzeption

Die Siedlung Stadlau liegt am Stadtrand von Wien. Die Gegend ist geprägt von Nachkriegs-Siedlungshäusern mit Kleingärten. Ein vorhandener Teich, der zum Biotop gemacht wurde, bildet den Mittel- und Treffpunkt der Stadlauer Siedlung, die nur durch Fußwege erschlossen ist; dennoch bleibt die Anbindung ans Straßennetz auf kurze Distanzen beschränkt. Sämtliche Häuser der ARGE Reinberg sind nordsüdorientiert mit Erschließungsweg im Norden und Garten im Süden. Die energetisch bedingte Ausrichtung drückt sich auch in der Architektur aus: Das bewachsene Pultdach

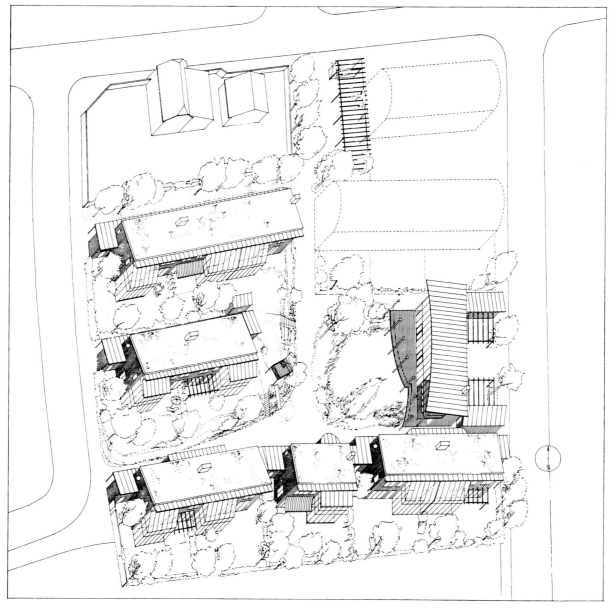

Anlehnwintergärten

Typ A | Typ B | Typ C

Schnitt, M. 1:400
Obergeschoß, M. 1:400
Erdgeschoß, M. 1:400
Südansicht, M. 1:400
Nordansicht, M. 1:400

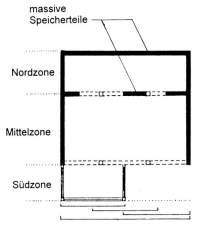

massive Speicherteile
Nordzone
Mittelzone
Südzone

steigt von Norden nach Süden um eine halbe Geschoßhöhe an, so bietet die Vorderfront möglichst viel Angriffsfläche für die wärmenden Sonnenstrahlen, während die Nordseite in der Fläche reduziert und weitgehend geschlossen ist. Intern sind die Häuser in drei Zonen eingeteilt:

– Die Nordzone dient als wärmespeichernde Pufferzone. Hier sind Erschließung und Naßzellen untergebracht. 25-cm-Betonhohlsteine, mit Steinwolle gedämmt, bilden die wärmespeichernde Masse.

– In der Mittelzone liegen die Wohn- und Schlafbereiche mit ausnahmsloser Orientierung nach Süden.

– Die Südzone bildet der vorgelagerte Wintergarten als erweiterter Wohnraum und Sonnenkollektor.

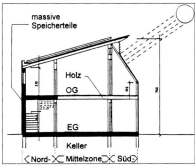

Schema der Konstruktion, Zonierung und Sonnennutzung

Konstruktion

Das Tragsystem des Wintergartens besteht aus verleimten Brettschichthölzern und wird über die Südfassade, die ebenfalls eine Holzkonstruktion ist, ausgesteift.
Die Gläser sind preßverglast mit lackierten Glashalteleisten aus Holz (im Schrägdachbereich Aluleisten).

Siedlung Wien-Stadlau

Gemeinschaftshaus

Mit der aktiven und passiven Solarnutzung lassen sich etwa 35% Heizenergie einsparen.

Sowohl für das Glashaus als auch für die Rückwand zum Wohnbereich hin wurde normales Isolierglas verwendet (sonst Wärmeschutzglas).

Lüftung, Klimatisierung

Belüftung über Lamellen im Fußbereich sowie über Außentüren und kippbare Fenster. Die Steuerung der im Wintergarten erzeugten Warmluft erfolgt über einen Kasten im Firstbereich. Als Ventil dient ein axial drehbares T-Stück, mit dem die Warmluft entweder nach draußen, zurück in den Wintergarten oder in den Wohnbereich geleitet wird. Über Lüftungsschlitze in den Zimmertüren kann die Warmluftschleife über die Räume im Obergeschoß zurück ins Erdgeschoß bis in den Wintergarten gelangen.

Ebenso kann das System mit dem Ventil geschlossen werden.

Die Lüftung wird automatisch gesteuert. Damit die optimale Nutzung des Solarsystems gewährleistet wird, erhielten die Mieter eine von Architekten und Genossenschaft gemeinsam herausgegebene Benutzerfibel.

Heizung

Die Beheizung des Wintergartens erfolgt ausschließlich durch Nutzung der Sonnenwärme. Der Boden ist eine massive wärmegedämmte Betonsohle, die Trennwand zwischen Glashaus und Wohnbereich wurde mehrschalig ausgebildet: zum Wohnbereich hin als gedämmte Holzverschalung, zum Glashaus hin als hinterlüftete massive Speicherwand (aus Kalksandstein gemauert).

Durch Lüftungsschlitze im Decken- und Bodenbereich kann Warmluft aus dem Wintergarten auf der Rückseite der Speicherwand zirkulieren, so daß diese beidseitig erwärmt wird. Damit läßt sich die Speicher- und Heizkapazität der Wand besser ausnutzen.

Anlehnwintergärten

Wohnanlage Stockwiese

Architekt: Hans-Jörg Hatzesberger, Fürstenzell
Standort: Haag an der Amper
Grundstücksgröße: 9.050 m^2
Wohnfläche: zwischen 110 und 136 m^2
Bauzeit: 1990 bis 1992
Baukosten: ca. DM 450,–/m^3 (ohne Nebenkosten)

Lage und Entwurf

Die Siedlung liegt in Ortsrandlage mit freiem Blick nach Osten zu den Amperauen. Auf dem ca. 9.000 m^2 großen Grundstück wurden die sieben Baukörper mit ihren insgesamt 36 Wohneinheiten so angeordnet, daß sich sowohl private Gartenanteile als auch ein gemeinschaftlicher, verkehrsfreier Innenhof zur Kommunikation und als Spielplatz für Kinder ergeben.
Die Grundrißorganisation der einzelnen Wohneinheiten ist klar gegliedert mit größeren Räumen, viel Schrankflächen und geringem Fluranteil. Durch Glasflächen, u.a. Wintergarten und First-

Wohnanlage Stockwiese

verglasung, werden in allen Wohnräumen gute Belichtungsverhältnisse erreicht. Zugleich sorgt diese einfache Lösungsvariante passiver Solararchitektur bei relativ geringem Kostenaufwand für eine günstige Energiebilanz. Für Wintergarten und Windfang wurde eine Holzkonstruktion aus lamellierten Leimhölzern gewählt, die Festverglasungen sind mit Flachstahlbändern und U-Profilen befestigt.

Die Belüftung der Wintergärten erfolgt über die Außentüre, zur Entlüftung kann die Warmluft über die angeschlossenen Glaserker zur Temperierung der Obergeschoßräume genutzt werden.

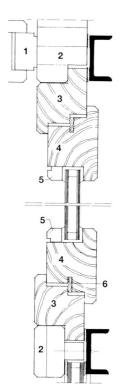

Horizontalschnitt
Außentüre M. 1:5

1. Holzleiste 30/50
2. Leimholz 68/350
3. Holzprofil 88/68
4. Holzprofil 100/68
5. Glashalteleiste 20/18
6. Lippendichtung umlaufende

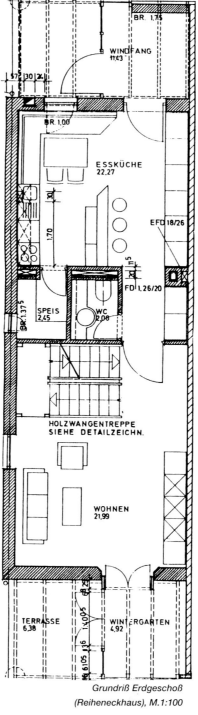

Grundriß Erdgeschoß
(Reiheneckhaus), M.1:100

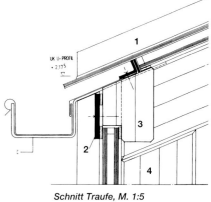

Schnitt Traufe, M. 1:5

Schnitt Fußpunkt, M. 1:5

1. U-Profil 60/30/6
2. Flachstahl 60/6
3. Leimholz 101/68
4. Leimholz 125/68
5. Blechverwahung + Feuchtigkeitssperre
6. Hartholzschelle 125/78

Anlehnwintergärten

1 U-Profil 60/30/6
2 Holzprofil 68/88
3 Lippendichtung umlaufend
4 Holzprofil 68/76
5 Halteleiste 17/18
6 U-Profil 60/30/6
7 Lippendichtung umlaufend

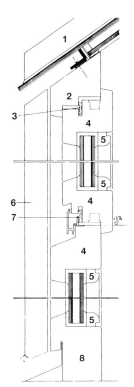

Schnitt B-B, M. 1:5

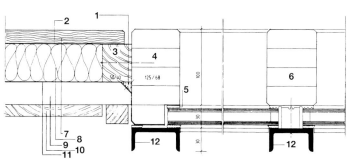

Horizontalschnitt Anschluß Holzwand, M. 1:5

1 Dreikantleiste
2 Dampfsperre
3 Holzleiste 50/40
4 Leimholz 125/68
5 Dichtungsleiste aus Kautschuk
6 Leimholz 100/68
7 Sichtschalung
8 Wärmedämmung
9 Lattung 30/50/60
10 Schalung 18 mm
11 Dichtungsbahn
12 U-Stahl 60/30/6

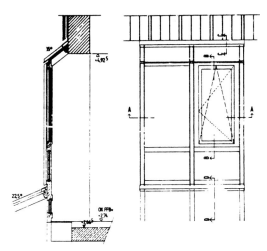

Erkerfenster Schnitt + Ansicht, M. 1:50

1 Füllstoff
2 Kittfuge
3 Brustblech mit Halteblech

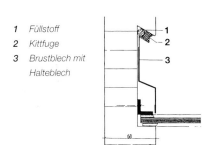

Anschluß Glasdach/Leimholzbinder, M. 1:5

Wohnanlage Stockwiese

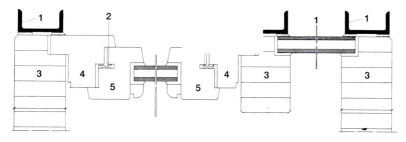

*Waagrechter Schnitt
A-A, M. 1:5*

1 U-Profil 60/30/6
2 Lippendichtung umlaufend
3 Leimholz 68/100
4 Holzprofil 88/68
5 Holzprofil 76/68
6 Holzprofil 100/64
7 Holzprofil 90/68
8 Holzprofil 99/52
9 Holzprofil 68/76
10 Glashalteleiste 17/18

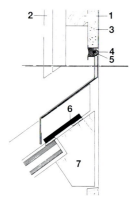

Schnitt C-C, M. 1:5

1 Lattung 30/50/60
2 Schalung
3 Putz
4 Kittfuge
5 Füllstoff
6 Flachstahl 60/6
7 Holzprofil 53/100

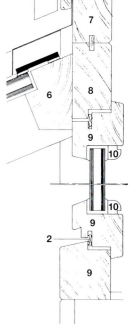

Schnitt D-D, M. 1:5

Anlehnwintergärten

Niedrigenergiehaus Ahnatal

Architekt:	Prof. Dr.-Ing. E. Schneider & Partner, Holzminden
Baujahr:	1991
Wohnfläche:	127 m² (je Haus)
Nutzfläche:	37,7 m² (je Haus)
Baukosten:	ca. DM 210.000,– (netto)
Heizenergiebedarf:	65 kWh/m²/a

Konzept

Verantwortungsvolles Bauen im Eigenheimbereich muß wesentlich durch einen ökologischen Ansatz geprägt sein, ohne die weiteren Aspekte zeitgemäßen Wohnens zu ignorieren. Zusammen mit den Bauherren wurde das Ziel gesteckt, Aspekte der Architektur und der Energieeinsparung gleichermaßen zu berücksichtigen.

Anspruch

Es sollte kein abgehobenes „alternatives" Einzelprojekt entstehen. Deshalb wurden nur praktikable und bezahlbare Einzelkomponenten des „ökologischen Bauens" realisiert.

Niedrigenergiehaus Ahnatal

Lage

Das als Doppelhaus geplante Gebäude steht in Ahnatal-Weimar, Landkreis Kassel, in einem neuausgewiesenen Baugebiet, welches die alte Ortsrandlage arrondiert.

Das Neubaugebiet befindet sich auf einem leicht geneigten Südosthang zum Grünzug des Ahnatals hin, das eine wichtige Funktion für den Luftaustausch des Nordteils des Kasseler Beckens hat. Der Bebauungsplan favorisiert in einer Vielzahl von Einzelfestsetzungen in vorbildlicher Weise „Ökologisches Bauen".

Energiekonzept

Das Gebäude ist geometrisch streng als Viertelkreis ausgebildet. In der Grundrißkonzeption ist die Südseite offen und vergrößert, die Nordseite minimiert. Gleichzeitig wurde durch die Ausbildung als Doppelhaus eine große gemeinsame Hausinnenfläche erzielt. Neben einer möglichst offenen Grundrißgestaltung wurden die Räume um den zweistöckigen, nicht beheizten Wintergarten herum gruppiert.

Nach dem Grundsatz „erst dämmen, dann heizen" wurde auf eine sehr gute Wärmedämmung der gesamten Gebäudehülle allergrößter Wert gelegt.

Die einzelnen Bausteine

Das Dach ist als hinterlüftetes Grasdach mit einer 30 cm starken Isofloc-Dämmung (aus Altpapierflocken) ausgeführt:
$k = 0,14 \ W/m^2K$
Die Außenwand besteht aus 24 cm porosierten Ziegelsteinen mit einer 16 cm starken Isofloc-Dämmschicht und einer hinterlüfteten, unbehandelten Holzverschalung:
$k = 0,30 \ W/m^2K$
Der Keller wurde im beheizten Bereich teils von unten und außen, teils von innen gedämmt:
$k = 0,20 \ W/m^2K$
Die Fenster, auch die Verglasung der Wintergärten, sind in Wärmeschutzglas ausgeführt:
$k = 1,4 \ W/m^2K$
Die Beheizung und Warmwasserbereitung erfolgt über einen gemeinsamen Brennwertkessel (11kW) mit einer konventionellen Warmwasserheizung, unterstützt von Solarkollektoren.
Die kontrollierte Wohnungslüftung wird durch eine gemeinsame Lüftungsanlage mit Wärmerückgewinnung sichergestellt.

Die Frischluftleitung wird ca. 15 m durch das Erdreich geführt mit der Absicht, die Luft im Sommer vorzukühlen und im Winter vorzuwärmen.

Anlehnwintergärten

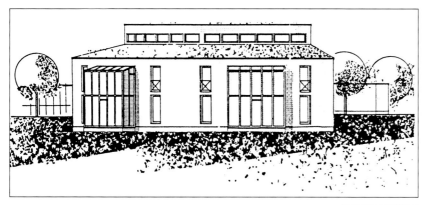

Ansicht von Süden

Besonderes Augenmerk wurde auf die Wind- und Luftdichtigkeit, die Minimierung von Wärmebrücken und die sorgfältige Ausführung der verschiedenen Anschlüsse gerichtet.

Als Dämmstoff kam das Recyclingprodukt „Isofloc" zur Anwendung, das eine lückenlose, fugenfreie und homogene Wärmedämmung ermöglicht.

Ansicht von Norden

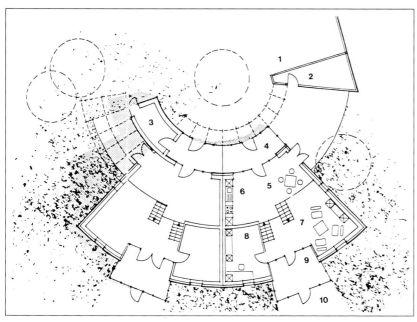

Grundriß Erdgeschoß

1 Carport
2 Geräte
3 Abstellraum
4 Windfang
5 Essen
6 Kochen
7 Wohnen
8 Arbeiten
9 Wintergarten
10 Freisitz

Niedrigenergiehaus Ahnatal

Luftraum des Wintergartens im Obergeschoß
Der Wintergarten ist mit einer separaten Schaltung an die
Lüftungsanlage mit Wärmerückgewinnung angeschlossen.

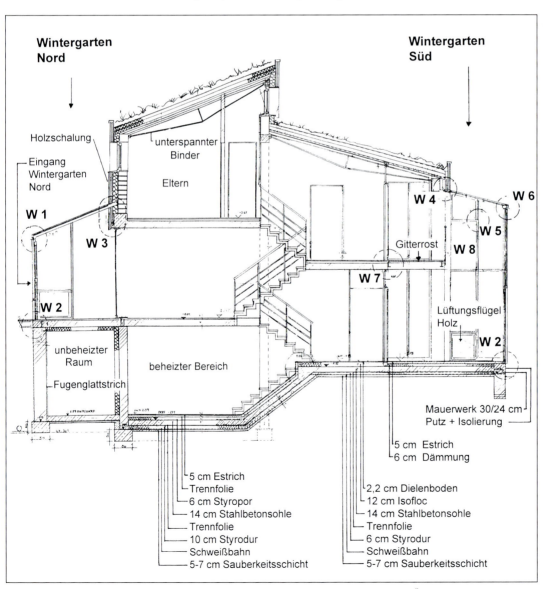

Übersicht Details W 1 bis W 8

Anlehnwintergärten

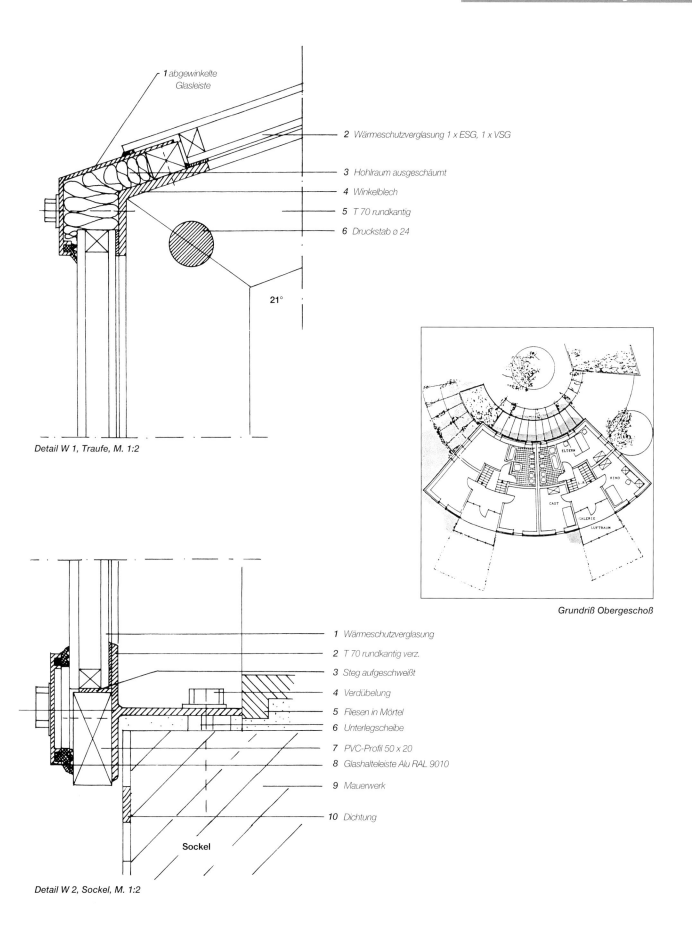

1 abgewinkelte Glasleiste
2 Wärmeschutzverglasung 1 x ESG, 1 x VSG
3 Hohlraum ausgeschäumt
4 Winkelblech
5 T 70 rundkantig
6 Druckstab ø 24

21°

Detail W 1, Traufe, M. 1:2

Grundriß Obergeschoß

1 Wärmeschutzverglasung
2 T 70 rundkantig verz.
3 Steg aufgeschweißt
4 Verdübelung
5 Fliesen in Mörtel
6 Unterlegscheibe
7 PVC-Profil 50 x 20
8 Glashalteleiste Alu RAL 9010
9 Mauerwerk
10 Dichtung

Sockel

Detail W 2, Sockel, M. 1:2

Niedrigenergiehaus Ahnatal

1 Isofloc-Dämmung
2 Stahlbetondecke
3 T 70
4 Verschalung
5 Alublech
6 Dämmstreifen
7 Spanplatte wasserfest

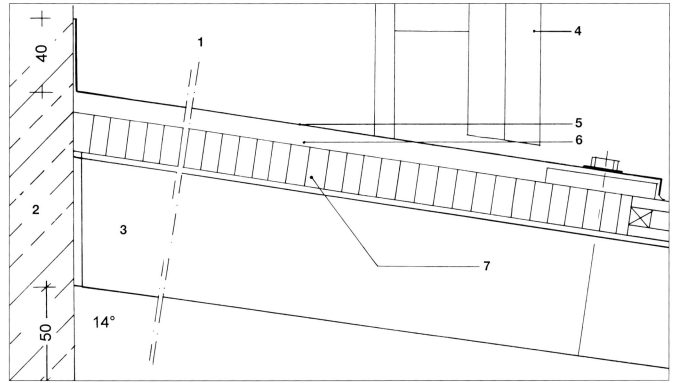

Detail W 4, First M. 1:2

1 Holzprofil 20/80 genutet
2 T 70
3 Holzprofil 60/90

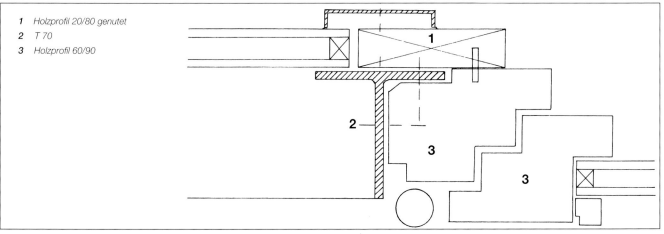

Detail W 5, Fenster/Tür, M. 1:2

Anlehnwintergärten

Detail W 6, Ecke Ortgang, M.1:2

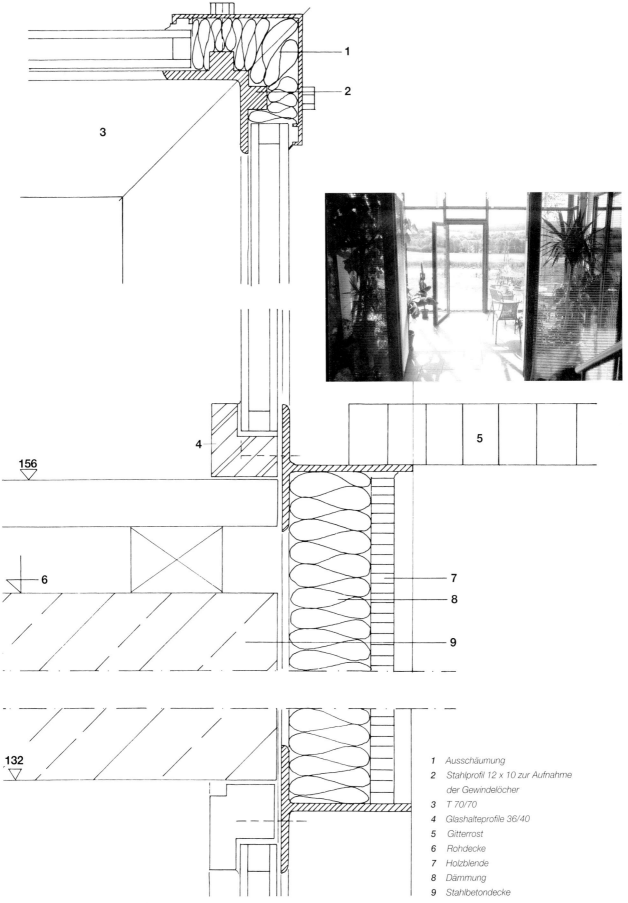

1 Ausschäumung
2 Stahlprofil 12 x 10 zur Aufnahme der Gewindelöcher
3 T 70/70
4 Glashalteprofile 36/40
5 Gitterrost
6 Rohdecke
7 Holzblende
8 Dämmung
9 Stahlbetondecke

Detail W 7, Anschluß Decke, M. 1:2

Niedrigenergiehaus Ahnatal

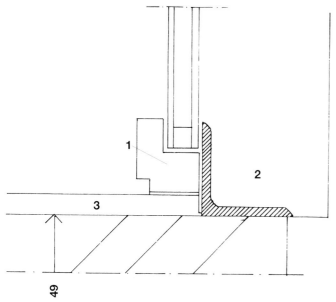
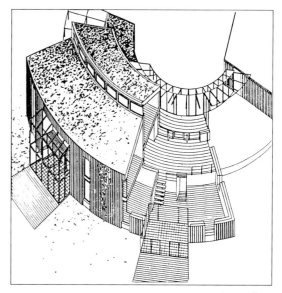

Isometrie

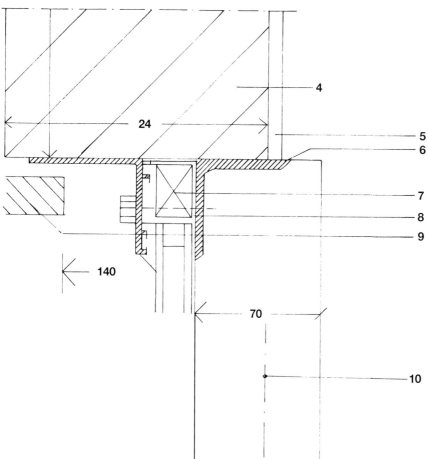

Detail W 8, Anschluß Mauerwerk, M. 1:2

1 Glashalteprofil 40/35
2 T 50/50
3 Putz
4 Pfeilervorlage 49/24
5 Putz
6 Aluwinkel mit Glashalteleiste verschraubt
7 Hartholzklotz
8 T 50/50
9 Holzverschalung
10 30°-Strahl
  (Decke OG springt umd 4 cm gegenüber
  30°-Strahl zurück)

Anlehnwintergärten

Sonnenhaus am Pilsensee

Südseite Haus 3 + 4

Projekt:	Zwei Doppelhäuser mit Einliegerwohnung
Architekt:	Wolf Frey, München
Bauzeit:	12/89 bis 8/91
Wohnfläche:	235 m² + 35 m² Nutzfläche/DHH
Baukosten:	DM 515.000,–/DHH
Grundfläche Wintergarten:	ca. 37 m²

Haus im Westen (Haus 1), M. 1:400

Das 3.400 m² große waldartige Grundstück mit Bachlauf und direktem Seezugang bot die Möglichkeit, eine kommunikative, großzügige Wohnform zu entwickeln. Rechtlich wurde lediglich nach Wohnungseigentum aufgeteilt. Bis auf kleine Sondernutzungsrechte steht das gesamte Grundstück samt einer Sauna-/Gäste-/Kinderhütte allen gemeinsam zur Verfügung.

Nachdem die Gemeinde einen solitären Baukörper kategorisch abgelehnt hatte, wurden zwei Doppelhäuser geplant, die jeweils durch gemeinsamen Windfang, Kellertreppe, Technik und vor allem den großzügigen Wintergarten miteinander verbunden sind.

Die waldartige Situation legte eine Holzskelettbauweise nahe, was auch dem Wunsch nach Veränderbarkeit der Grundrisse und Wohnungsanzahl bzw. -größe entgegenkam.
Die Häuser sind in ihrer energetischen Konzeption zur passiven Nutzung der Sonnenenergie ausgerichtet. Sowohl transparente Südfassade wie auch Glasanbau fangen ein Optimum an Sonnenwärme ein. Eine wärmedämmende Außenhülle und Speichermassen im Gebäude, wie z.B. gemauerte Wände und Massivausfachungen der Zwischenböden, schaffen ein ausgeglichenes Wohnklima.
Für die Genehmigung des ungewöhnlichen Entwurfs waren viel Zeit (eineinhalb Jahre), gute Nerven, Diplomatie sowie fünf Eingaben erforderlich.

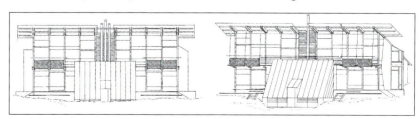

Haus 1+ 2   Ansicht von Süden   Haus 3 + 4

Sonnenhaus am Pilsensee

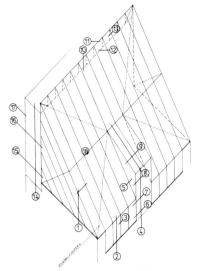

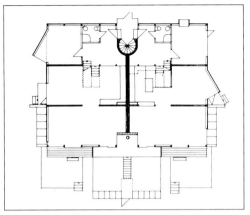

Grundriß Erdgeschoß
Haus 1 + 2, M. 1:400

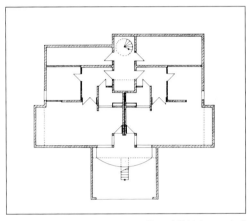

Grundriß Untergeschoß
Haus 1 + 2, M. 1:400

Wintergarten-Übersichtsplan
1. Öffnungsflügel
2. Festverglasung
3. L-Profil 50/30
4. T-Profil 70, nicht unterspannt
5. Viereckrohr 30/30
6. T-Profil 70
7. L-Profil 50/50/8
8. L-Profil 30/30 + U-Profil 30/30
9. L-Profil 30/30
10. U-Profil 80/45
11. U-Profil 54/45
12. IPE 80
13. L-Profil 50/75/5
14. je vier Hahnlamellen
15. IPE 140
16. T-Profil 50 bzw. 2 x L-Profil 60/30

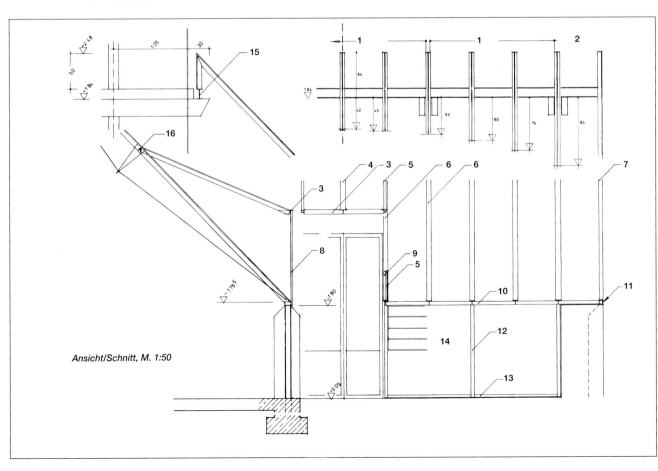

Ansicht/Schnitt, M. 1:50

Anlehnwintergärten

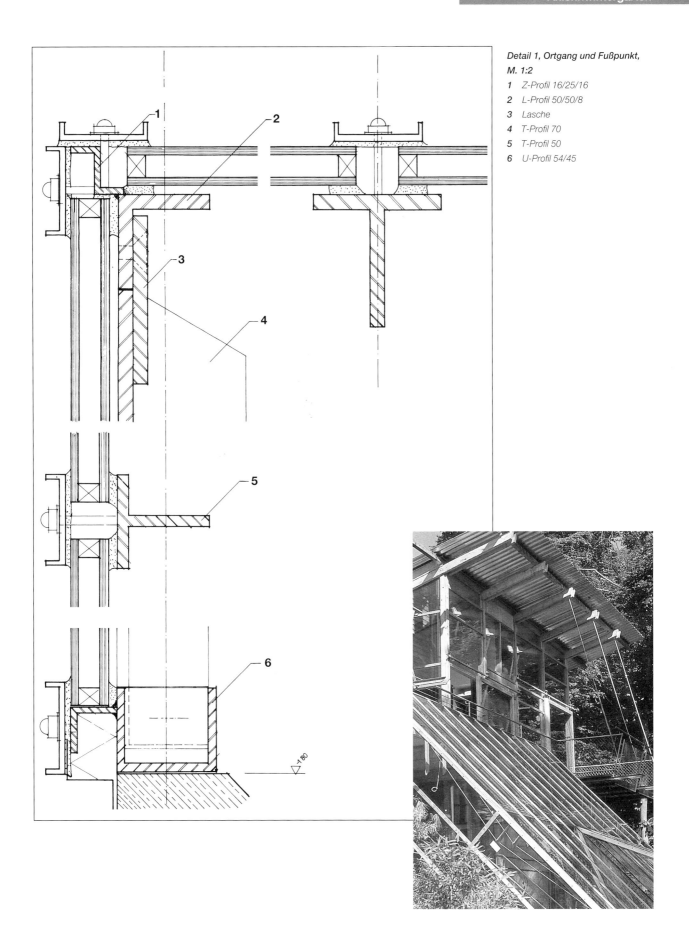

Detail 1, Ortgang und Fußpunkt, M. 1:2
1. Z-Profil 16/25/16
2. L-Profil 50/50/8
3. Lasche
4. T-Profil 70
5. T-Profil 50
6. U-Profil 54/45

Sonnenhaus am Pilsensee

Gesamtsituation mit Haus 1 + 2 im Vordergrund

Wintergarten

Der Wintergarten hat Gewächshauscharakter und soll vor allem als großzügiges Verbindungsglied zwischen Souterrain-Wohnung und Außenbereich sowie Keller- und Erdgeschoß dienen.

Die Stahlkonstruktion steht auf einem Betonsockel, im erdberührten Teil aus Normalbeton, außen gedämmt, im freiliegenden Teil aus Leichtbeton. Zum Garten hin ist der Boden offen, im rückwärtigen Teil geschlossen mit Fußbodenheizung. Die Heizung soll lediglich das frostfreie Überwintern der Pflanzen ermöglichen.

Herausnehmbare Doppelstegplatten am Balkon, Hahnlamellenfenster sowie die Gartentüre sorgen für eine gute Durchlüftung des Wintergartens. Auf Grund der natürlichen Gegebenheiten des Grundstückes mit hochgewachsenen Laubbäumen im Osten, Süden und Westen konnte auf zusätzliche Verschattungseinrichtungen verzichtet werden.

Das Tragwerk besteht aus einer feuerverzinkten Stahlkonstruktion mit handelsüblichen Profilen. Die Scheiben aus herkömmlichem Isolierglas sind mit thermisch getrennten Alu-Glashalteleisten trocken verglast.

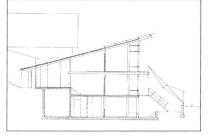

Schnitt, M. 1:400

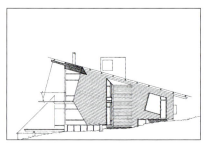

Ansicht von Osten Haus 2, M. 1:400

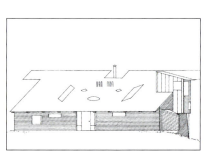

Ansicht von Norden Haus 1 + 2, M. 1:400

Anlehnwintergärten

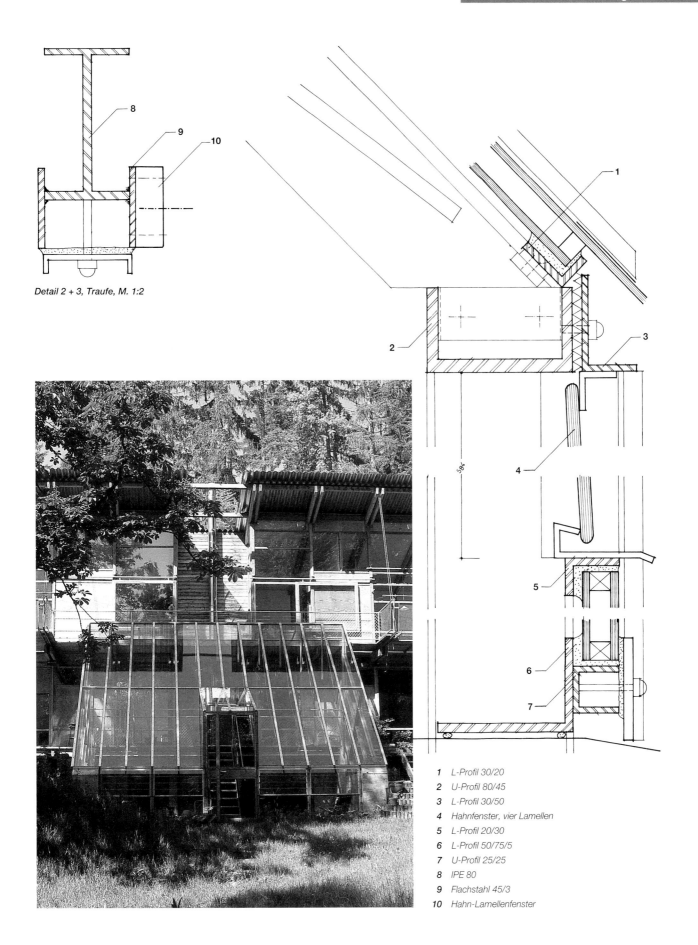

Detail 2 + 3, Traufe, M. 1:2

1 L-Profil 30/20
2 U-Profil 80/45
3 L-Profil 30/50
4 Hahnfenster, vier Lamellen
5 L-Profil 20/30
6 L-Profil 50/75/5
7 U-Profil 25/25
8 IPE 80
9 Flachstahl 45/3
10 Hahn-Lamellenfenster

Sonnenhaus am Pilsensee

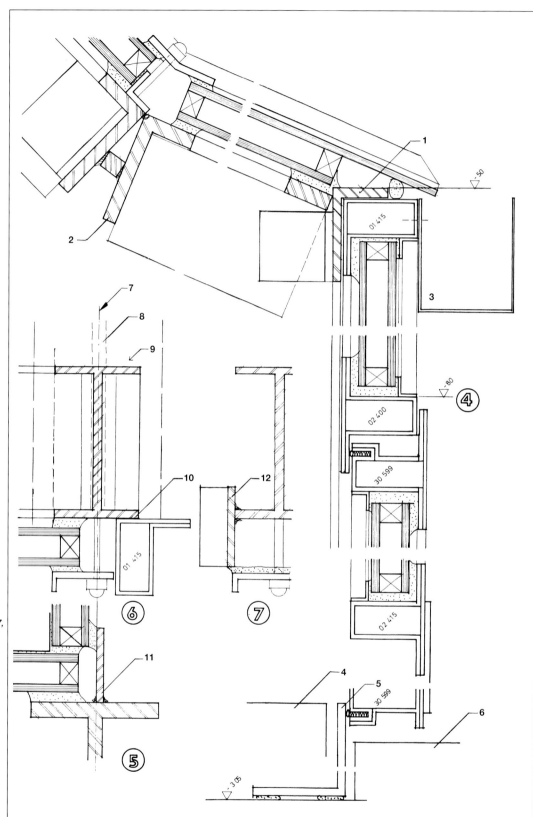

Detail 4, Außentüre mit
Anschlußdetails 5, 6 und 7,
M. 1:2

1. L-Profil 50/30/5
2. L-Profil 60/30/7
3. Alublech 50/60
4. Betonplatten/Kies
5. L-Profil 75/50/5
6. Betonplatten
7. Achse
8. T-Profil 70
9. U-Profil 50/80
10. IPE 80
11. Flachstahl 40/4
12. Flachstahl 45/4

Integrierte Wintergärten

Aussichtskanzel

Architekt:	Klaus Kammerer + Sepp Starzner, München
Projekt:	Jugendübernachtungshaus in Knappenberg
Baujahr:	10/89 bis 7/91
Rauminhalt:	2.928 m³ (brutto)
Grundfläche:	620 m² (netto)
Baukosten:	DM 3.290.000,– (incl. Abbruch, Nebenkosten, Außenanlagen, Einrichtung)
Kosten Wintergarten:	ca. DM 70.000,– (Stahl- und Glaskonstruktion)

„Es sollte ein Haus werden, das möglichst wenig Fläche der herrlichen Landschaft verbraucht, sich unaufdringlich einfügt und anstelle des alten Gebäudes wieder den Blick auf die Felssolitäre freigibt", so lauteten die Vorgaben für das Jugendübernachtungshaus in Knappenberg. Und es sollte weder ein technisch-futuristisches Gebäude noch ein Haus in der „Bio-Strickjacke" werden. Ökologisches Bauen sollte aber dennoch ein wesentliches Anliegen dieses Bauvorhabens sein.

So entstand ein sich nach Süden öffnendes Haus, dessen Fensterflächen weitgehend nach Süden bzw. Südwesten orientiert sind (um die passive Solarenergie so gut wie möglich zu nutzen). Dagegen zeigt sich die Nordseite weitgehend geschlossen mit einem runden „Rücken" und Nebenräumen als Pufferzonen.

Planung, Baukonstruktion und Auswahl der Baustoffe wurden mittels eines energetischen Gutachtens (Prof. Dr. Hauser/Kassel) in punkto Energieeinsparung optimiert. Rücksicht genommen werden mußte dabei auch auf den Umstand, daß das Jugendübernachtungshaus zumeist nur an Wochenenden und in den Ferien genutzt wird.

Aussichtskanzel

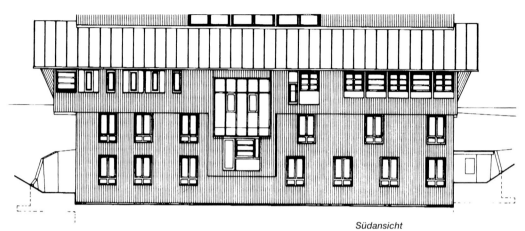
Südansicht

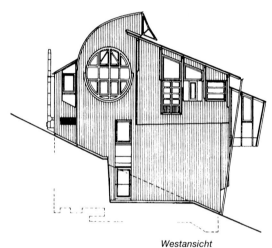
Westansicht

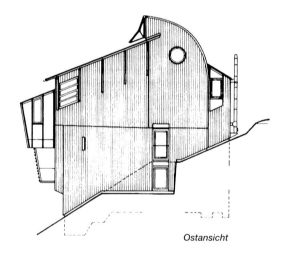
Ostansicht

Wintergarten

Konstruktion: Boden als hochwärmegedämmte Stahlbetonplatte (auskragendes Treppenraumpodest), Unterseite Lärchenholzschalung, unbehandelt; Tragsystem als feuerverzinkte Stahlkonstruktion (IPE 80), entrostet und beschichtet. Aussteifung der Horizontal- und Vertikalkräfte über Stahlbetonwände und -boden des massiven Treppenraumes. Zusätzliche Aussteifung im Glasdachbereich mit Rundstäben im Windverband.

Verglasung mit Wärmeschutzisolierglas, k-Wert 1,3 W/m^{2}K, sämtliche Scheiben VSG, preßverglast und thermisch getrennt.
Die Klimatisierung erfolgt über vier große Lüftungsflügel. Eine Entlüftung ist sowohl durch Querlüftung wie auch über den Treppenraum und die angeschlossenen Räume möglich, so daß auch ohne Dachflügel eine Überhitzung der Glaskanzel jederzeit kompensiert werden kann. Da der Wintergarten nur temporär genutzt wird, erübrigt sich eine zusätzliche Heizung.
In der Nutzung hat sich die Überschneidung von Dachhaut und Glasdach als problematisch erwiesen, weil Verschmutzungen des Glasdaches vom Regen nicht abgewaschen werden können. Ein Zugang zur Reinigung des Glasdaches wäre deshalb wünschenswert (Lüftungsflügel im Glasdach).

Die Auswertung mittels Computersimulation ergab, daß sich mit dem Wintergarten gegenüber einer „normalen" Massivwand mit kleinen Einzelfenstern jährlich etwa zwei Megawattstunden Energie einsparen lassen. Dies entspricht in etwa einem Verbrauch von 200 Litern Heizöl bzw. 200 m^3 Erdgas.

Anlehnwintergärten

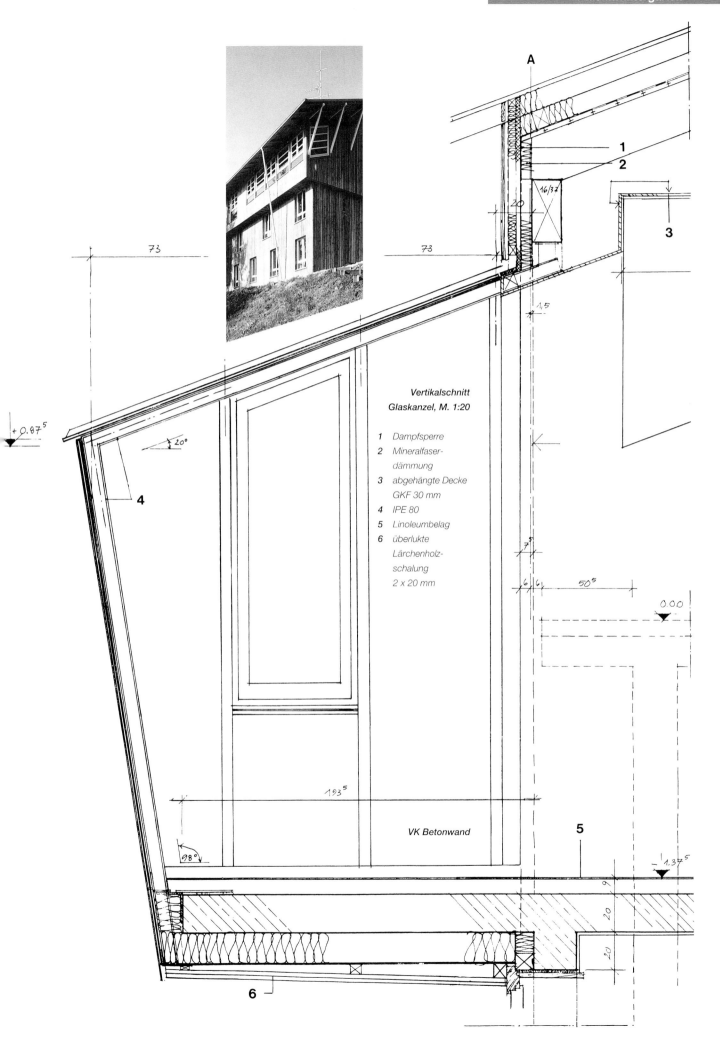

Vertikalschnitt Glaskanzel, M. 1:20

1. Dampfsperre
2. Mineralfaserdämmung
3. abgehängte Decke GKF 30 mm
4. IPE 80
5. Linoleumbelag
6. überlukte Lärchenholzschalung 2 x 20 mm

Aussichtskanzel

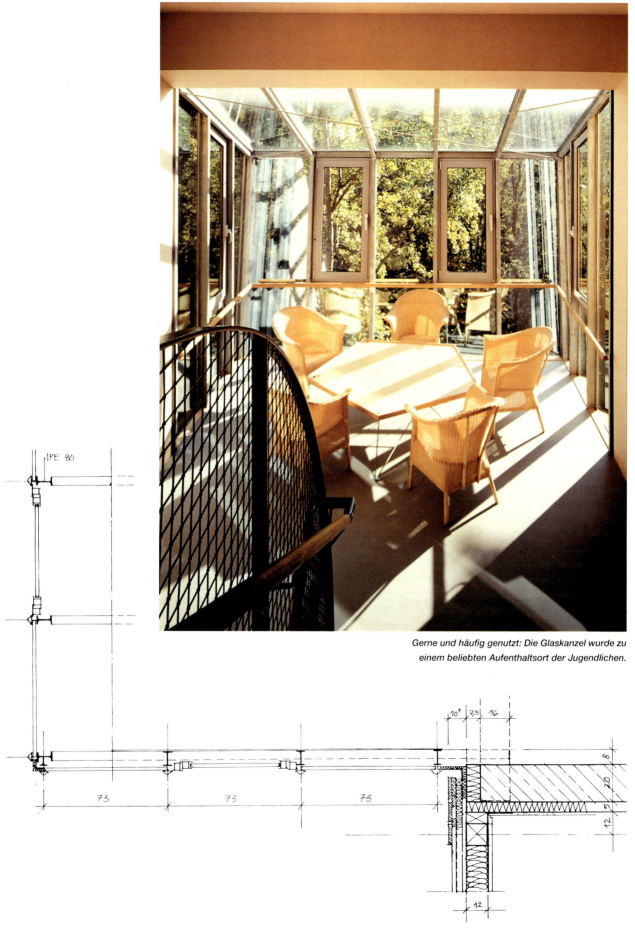

Gerne und häufig genutzt: Die Glaskanzel wurde zu einem beliebten Aufenthaltsort der Jugendlichen.

Horizontalschnitt, M. 1:20

Anlehnwintergärten

EXPO Wohnen 2000

Architekten:	Prof. Karla Kowalski, Michael Szyszkowitz, Graz
Projekt:	Experimentelle Reihenhäuser
Standort:	Stuttgart, Nordbahnhof
Umbauter Raum:	2.283 m³ (gesamt)
Wohnfläche:	120 m² (je Haus)

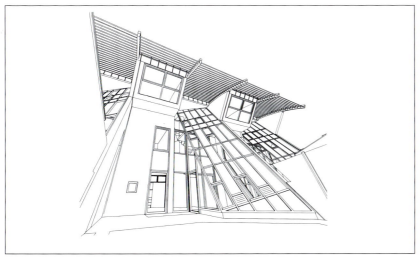

Lageplan

„Verantwortungsvoller Umgang mit der Natur in der Stadt": Dieses Leitthema der Internationalen Gartenbauausstellung 1993 sollte auch am Beispiel einer neuen innerstädtischen Wohnanlage demonstriert werden. Als Standort wurde das Dreieck zwischen Nordbahnhof- bzw. Löwentorstraße und der breiten Bahnstraße ausgewählt. Dabei sollte südlich der Störzbachstraße die bestehende Bausubstanz mit neuen Geschoßbauten für 100 Mietwohnungen ergänzt werden, während am Ende der Sarweystraße 17 neue Eigenheime und zwei Eigentumswohnungen gebaut wurden.

Mit dem tiefgezogenen Tonnendach und ihrer expressiven Formensprache präsentieren sich die experimentellen Reihenhäuser der Grazer Architekten als auffallendste Hausgruppe der Siedlung (Hausgruppe 4, Sarweystraße).

Die Aufteilung im Innern richtet sich nach dem Wärmebedarf: Wohnräume sind nach Süden, Küche und Bäder

EXPO Wohnen 2000

nach Norden orientiert. Dem entspricht, daß sich die Südseite transparent und leicht, die Nordseite dagegen massiv und geschlossen darstellt.

Heizung

Energieträger: Elektrischer Strom
Wärmeerzeuger:
Elektro-Wärmepumpe
Wärmequelle: Massivabsorber
Heizungssystem: Niedertemperaturheizung mit Fußbodenheizung bzw. Massivheizdecken

Bestandteile des Heizkonzeptes:
– Wintergarten mit Luftkollektor
– Wärmepumpe und Massivabsorber
– Massivheizdecken

Als Wärmeerzeuger wird eine elektrisch angetriebene Wärmepumpe verwendet, der als Wärmequelle ein Massivabsorber zur Verfügung steht. Als Massivabsorber dient die Bodenplatte im Untergeschoß, in die ein Rohrleitungssystem eingelegt ist. Über dem Massivabsorber befindet sich ein Deckenhohlraum, der über ein Luftkanalsystem mit dem Wintergarten verbunden ist.
Sobald die Lufttemperatur in den Luftkollektoren höher ist als die des Deckenhohlraumes über dem Absorber, findet eine Luftumwälzung statt. Dabei strömt die erwärmte Luft aus den Luftkollektoren sowie aus Küche und Bad durch den Hohlboden im Untergeschoß und erwärmt dabei den Absorber. Bei Wärmenachfrage „pumpt" die Wärmepumpe die im Massivabsorber eingespeicherte Wärme auf ein höheres Temperaturniveau. Über einen Pufferspeicher steht diese Wärme dann der Fußbodenheizung zur Verfügung.

Wintergarten

Der Wintergarten ist übereck zwischen einer gedämmten Betonscheibe und der Südfassade angeordnet. In der aus der Horizontalen gekippten Schrägverglasung befinden sich zwei ca. 50 cm breite Felder mit Luftkollektoren, die sich über ca. 9 m Länge bis unter die Dachhaut erstrecken. Die Luftkollektoren sind nach außen verglast und nach innen im Abstand von ca. 15 cm mit einem schwarzbeschichteten, gedämmten Blech abgedeckt. Im unteren Bereich der Kollektoren befinden sich Luftklappen für die Zuluft, im oberen Bereich wird die Warmluft abgeführt und zum Absorber geleitet.

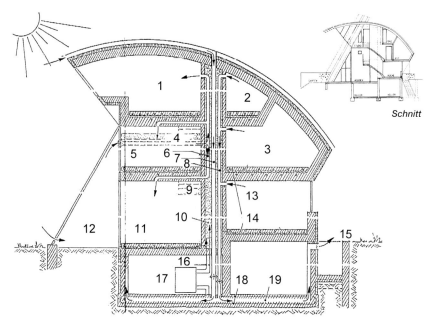

Schnitt

Der Wintergarten ist unbeheizt, als Fußbodenbelag wurden Gartenplatten gewählt und z.T. das Erdreich für Pflanzeninseln offengehalten.
Unterkonstruktion des Glashauses aus Stahl-Profilen (Jansen), grundiert und weiß beschichtet; außen Abdeckleisten, Alu natur eloxiert. Vorteil der Mischkonstruktion: die Rahmenteile können sehr schmal dimensioniert werden. Trockenverglasung mit Wärmeschutzglas, k-Wert 1,3 W/m² K, im Schrägdachbereich innere Scheibe VSG; zum Wohnraum normales Isolierglas.
Verschattung mit außenliegendem Rollo in Plexiglas-Schutzhülse.
Lüftung im Schrägglasbereich mit Senk-Klappflügeln (Schüco).

Wärmequellen-Schema

1. Schlafraum
2. Bad/WC
3. Bad/WC
4. Zwischenpodest (Die vorgesehene Direktnutzung der Wintergarten-Warmluft wurde nicht realisiert.)
5. Kinderzimmer
6. Zuluft
7. Abluft
8. Installationsschacht
9. Zwischenpodest
10. Schacht
11. Wohnraum
12. Wintergarten
13. Küche
14. Heizestrich
15. Fortluft
16. Heizkreis
17. Wärmepumpe
18. Solekreis
19. Fundament-Absorberplatte

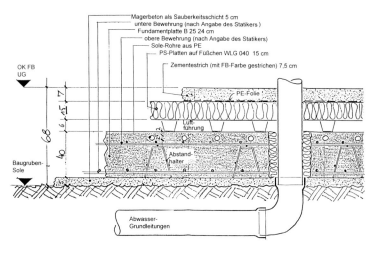

Fundament-Absorberplatte

Anlehnwintergärten

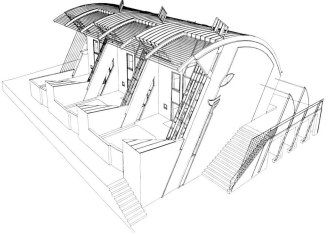

Ansicht von Südosten

Ansicht von Nordwesten

EXPO Wohnen 2000

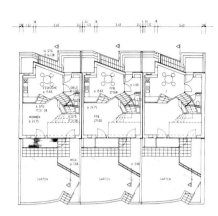

Grundriß Erdgeschoß

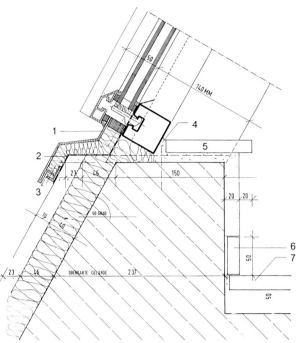

Schrägverglasung Fußpunkt, M. 1:5

1. Alu-Abkantblech
2. Dichtfolie
3. Druckausgleich
4. Dauerelastische Fuge
5. Steinabdeckung
6. Stein-Sockelleiste
7. Steinplatten im Mörtelbett

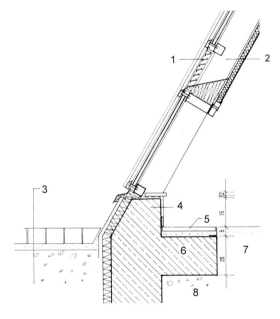

Anschluß Luftkollektor, M. 1:20

1. Schalko-Außenluft-Ansauggitter Typ ALA-SO, Gittergröße 525/225 mm
2. Luftkollektor Aufbau siehe Detail
3. Pflastersteine 10x10x8 cm Splitt ca. 3 cm Schotter ca. 20 cm
4. Betonsockel
5. Stein im Mörtelbett
6. Unterbeton
7. Erdreich
8. Rollierung

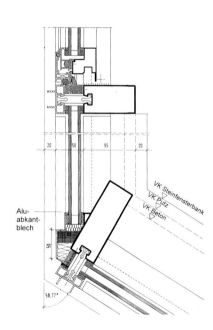

Wintergarten-Eckpunkt, M. 1:5

Schnitt Luftkollektor, M. 1:5

1. Paneel-Spiegel ESG 6 mm
2. Luftzwischenraum
3. Jansen-Profil
4. Öffnungsflügel bei schräg geneigter Fläche, Schüco-System SG Senk-Klapp-Flügel

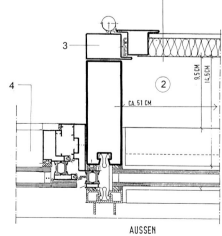

Integrierte Wintergärten

Siedlungshaus Kaiserslautern

Architekt:	Werner Kamb, Kaiserslautern
Projekt:	Umbau und Erweiterung eines Siedlungshauses aus den 30er Jahren
Wohnfläche:	ca. 120 m²
Umbaukosten:	DM 350.000,– (Glasanteil DM 100.000,–)

Normalerweise erwartet man zu einem typischen Siedlungshaus auch den typischen Standardwintergarten, der formal jeden Bezug zur vorhandenen Architektur tunlichst vermeidet. Es bedurfte großer Überredungskunst seitens des Architekten, nicht nur die Bauherren, sondern vor allem auch die Baubehörde von der Idee zu überzeugen, eine zeitgemäße integrierte Lösung zu finden, die den ursprünglichen Charakter des kompakten Hauskörpers nicht zerstört.

In der Umbauphase wurde das alte Haus zunächst entkernt und nach Süden um ca. 5 m erweitert. Der Anbau ist über die Südwestecke bis in den Dachbereich hinein verglast und

Siedlungshaus Kaiserslautern

dient im Erdgeschoß als Wohnzimmer. Über den Luftraum kann aufsteigende Warmluft im Dachgeschoß genutzt werden.

Auch der Eingangsbereich wurde völlig umgestaltet: Als Windfang ist ein gläserner Kubus axial verdreht in die Fassade eingestellt. Darüber läßt (anstelle einer Gaube) ein Glasfeld im Schrägdach Licht ins Obergeschoß. Den Luftraum erschließt eine Galerie.

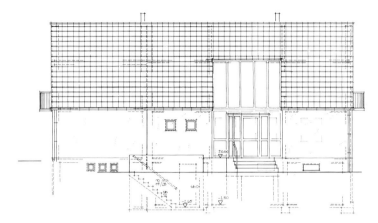

Ansicht von Osten, M. 1:200

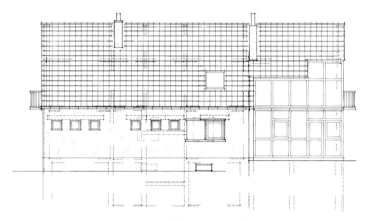

Ansicht von Westen, M. 1:200

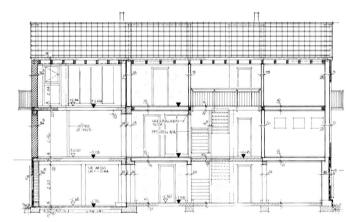

Schnitt D-D, M. 1:200

Ansicht von Süden, M. 1:200

Ansicht von Norden, M. 1:200

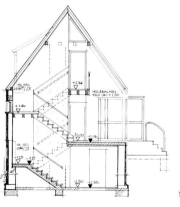

Schnitt A-A, M. 1:200

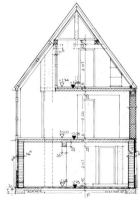

Schnitt B-B, M. 1:200

Integrierte Wintergärten

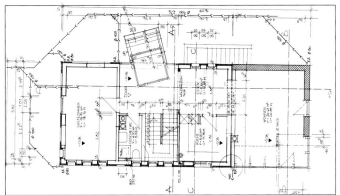
Grundriß Erdgeschoß, M. 1:200

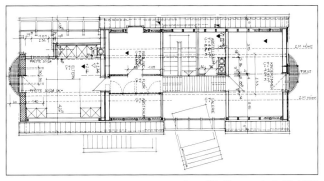
Grundriß Obergeschoß, M. 1:200

Siedlungshaus Kaiserslautern

Konstruktion

Stahlfachwerkträger (R-Träger) als Tragsystem aus grundierten und weißlackierten Rohren, Aussteifungselemente im Knickpunkt aus Stahlblech; Tragsystem über Abstandshalter mit Teller an Schüco-Grundprofil (Pfosten-Riegel-System) befestigt. Wärmeschutzglas mit k-Wert 1,3 W/m² K, im Dachbereich untere Scheibe als VSG. Lüftungsflügel im Fassaden- und Schrägdachbereich.(Außenliegende Verschattungselemente wurden nachträglich angebracht.)

Wohnzimmer mit Wintergarten

Eßplatz mit Erschließungsbereich

Integrierte Wintergärten

Atelierhaus Wördern

Architekt:	Prof. Anton Schwaighofer, Wien
Planung:	1964 bis 1992
Bauzeit:	Herbst 1992 bis Herbst 1993
Gesamtbaukosten:	8.000 öS/m² Nutzfläche
Nutzfläche:	450 m²

Atelierhaus Wördern

Lage, Situation

Das Gebäude steht in der Vorortgemeinde Wördern am Donauufer nordwestlich von Wien. Im Nordwesten öffnet sich das Tullner Becken, im Südosten grenzen die Abhänge des Wienerwaldes an. Der unmittelbare Standort wird geprägt durch eine Gärtnerei mit Glashäusern und einem Hain hoher Nadelbäume, hinter dem sich das Gebäude verbirgt.

Konzeption

Das Haus ist als Zentralbau mit einem klar definierten Mittelpunkt angelegt. In den insgesamt fünf Geschossen bleiben die Nutzungen weitgehend offen, wobei der mittige Raum jeweils den ruhenden Pol bildet. Nach außen präsentiert sich der Bau auf der Nordseite hermetisch geschlossen, auf der Südseite zeichnet sich dagegen eine klare Gliederung in Sockel, Glasaufsatz und Dach ab.

Ansicht von Südosten

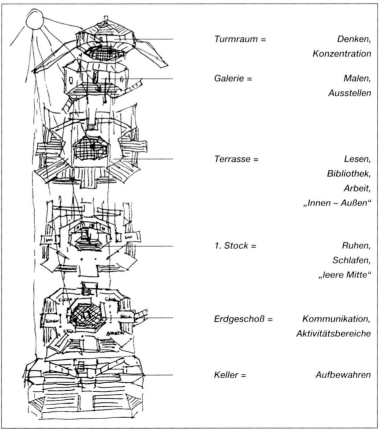

Turmraum =	Denken, Konzentration
Galerie =	Malen, Ausstellen
Terrasse =	Lesen, Bibliothek, Arbeit, „Innen – Außen"
1. Stock =	Ruhen, Schlafen, „leere Mitte"
Erdgeschoß =	Kommunikation, Aktivitätsbereiche
Keller =	Aufbewahren

Prinzipskizze

Integrierte Wintergärten

Atelierhaus Wördern

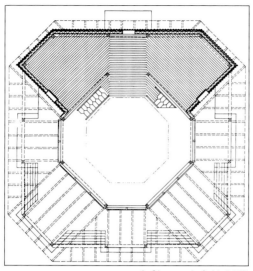
3. Obergeschoß, M. 1:200

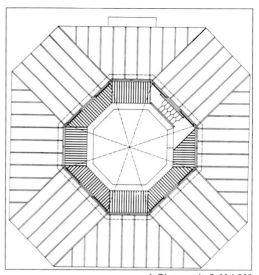
4. Obergeschoß, M.1:200

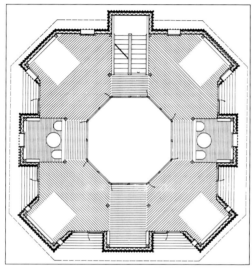
1. Obergeschoß, M. 1:200

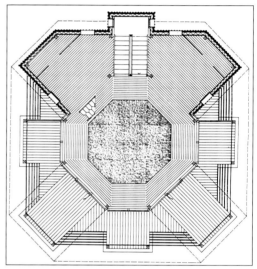
2. Obergeschoß, M.1:200

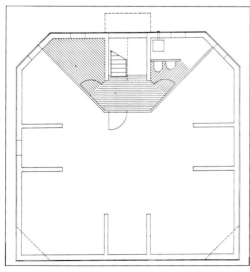
Keller, M.1:200

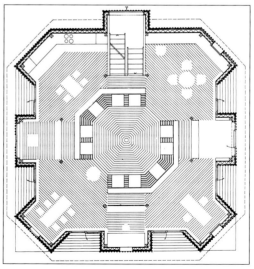
Erdgeschoß, M. 1:200

Integrierte Wintergärten

Die geschützte Lage unter einem weit auskragenden Dach ermöglicht es, den Glasbau weitgehend auf die beiden Materialien Holz und Glas zu beschränken – ohne, wie sonst häufig üblich, ein Übermaß an künstlichen Dichtstoffen und Schutzmitteln strapazieren zu müssen.

Die großformatigen, geschoßhohen Glasscheiben des sich nach Süden öffnenden Terrassenraumes sind zum großen Teil fest verglast. Der Weg zur Terrasse führt über zwei große, ebenfalls verglaste Türen. Durch die Transparenz lassen sich die Grenzen zwischen innen und außen optisch weitgehend auflösen.

Ansicht von Nordosten, M.1:400

Ansicht von Südosten, M. 1:400

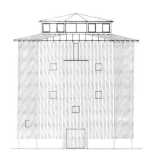

Ansicht von Nordwesten, M.1:400

Atelierhaus Wörden

Im gemeinsamen Luftraum verbinden sich Terrassengeschoß, Galerieebene und Turmraum miteinander. Auf natürliche Weise wird so eine wirksame Be- und Entlüftung ermöglicht

Über die Bodenroste des 2. Obergeschosses gelangt Tageslicht bis ins Erdgeschoß

Glaskonstruktionen im Dachausbau

Dachausbau Darmstadt

Projekt:	Dachausbau mit zwei Wohneinheiten als Maisonette-Wohnungen
Architekt:	E. F. Krieger, Darmstadt
Wohnfläche:	105 und 147 m²
Umbauter Raum:	950 m³
reine Baukosten:	DM 650.000,-
Kosten Fenstergewerk:	ca. DM 140.000,-

Das Darmstädter Johannisviertel ist ein gut erhaltenes Beispiel der Stadterweiterung um 1900 mit den von Vorgärten und gründerzeitlichen Fassaden geprägten Straßenzügen.

Zur Schaffung weiterer Wohnfläche wurde im Zuge der Renovierung des Hauses Irenenstraße 7 die Dachzone völlig neu gestaltet. Zwei Maisonette-Wohnungen prägen das neue Erscheinungsbild, das einerseits den denkmalpflegerischen Rahmen im Ensemble respektiert, andererseits ein modernes Beispiel für zeitgemäßen Umgang mit alter Bausubstanz sein sollte.

Dachausbau Darmstadt

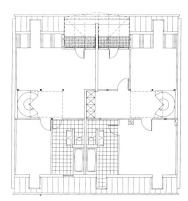

Grundriß 3. Obergeschoß

Grundriß Dachgeschoß

Dach der Gebäuderückseite mit den verglasten Erkern und Glasaufsätzen. Die Eindeckung erfolgte mit Zinkblechbahnen, für die Straßenseite entschied sich der Architekt in Absprache mit dem Denkmalschutzamt für rautenförmige Zinkblechplatten

Dachkonstruktion

Zunächst wurde der alte Dachstuhl abgerissen und auf den Außenmauern und der mittleren Trennwand eine feuerhemmende Spannbeton-Hohlkörperdecke (F 90) mit einem umlaufenden Ringanker eingezogen. Darauf ist die neue, als Hänge-Sprengwerk ausgebildete Leimbinder-Konstruktion eingespannt.

Glaskonstruktionen

Die Belichtung erfolgt über den zweistöckigen Dacheinschnitt sowie die ebenfalls vollständig verglasten Erkerfenster und die Satteloberlichter über den Treppenräumen.
Dachaufsatz und Erkerfenster sind Aluminiumkonstruktionen, werksseitig montiert, und mit dem Autokran aufs

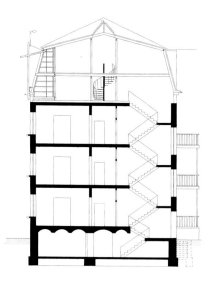

Schnitt

Glaskonstruktionen im Dachausbau

Durch die verglaste Dachloggia ergibt sich für den Wohnraum eine wintergartenähnliche Situation

Dachausbau Darmstadt

Dach gehoben. Die Preßverglasung erfolgte mit herkömmlichem Isolierglas. Beim Dacheinschnitt kam eine Pfosten- Riegel-Holzkonstruktion zum Einsatz, außen grau-blau und innen weiß beschichtet (mit Ausnahme der Fenstertüre, die im selben Farbton wie außen gehalten ist). Durch den zweistöckigen Aufbau ergibt sich im Obergeschoß ein schmaler Dachaustritt auf Stahlrosten.

Im Glasdach ist jeweils ein motorisch betriebener Lüftungsflügel angebracht. Aus der Vielzahl an Öffnungen ergeben sich Querlüftungs- und Kaminlüftungsmöglichkeiten, die auch bei hochsommerlichen Temperaturen für eine gute Ventilation sorgen. Bei Erker und Glasdach liegen die Verschattungs elemente (Markisoletten) außenseitig.

Kosten

Die Kosten für die Glasein- und -anbauten betragen mit DM 140.000,– beinahe ein Viertel der Gesamtbausumme – auf den ersten Blick eine unverhältnismäßig hohe Investition. Doch angesichts des erreichten höheren Wohnkomforts und des Zugewinns an architektonischer Qualität erweist sie sich als wohlkalkulierte Ausgabe.

Dachwintergarten

Architekt:	Peter Kriwoschej, München
Objekt:	Dachausbau in einem denkmalgeschützten Gebäude
Baujahr:	1985
Kosten Dachausbau:	ca. DM 81.000,– (reine Baukosten ohne Honorar)
Kosten Wintergarten:	ca. DM 14.000,– (Tragwerk + Glas)

Aufgabe

Der Hausbesitzer gab dem Mieter der Obergeschoßwohnung die Möglichkeit, den darüber befindlichen ungenutzten Speicher auszubauen, um auch mit Familie am gewohnten Ort in der Münchener Innenstadt wohnen zu können. Die bestehende Wohnung wurde modernisiert, der Speicher „entkernt" (z.B. Schornsteingruppen wurden verkleinert) und teilausgebaut; die restlichen Ausbauarbeiten wurden vom Mieter in Eigenleistung fertiggestellt.

Konzeption

Das Planungskonzept ordnet sich streng dem Bestand unter, die gesamte Kehlbalken-/Sparrenlage sowie die vorhandenen Holzstützen wurden unverändert belassen.

Außer den Dachflächenfenstern (meist an Stelle der Speicherfenster) wurde nur an einer Stelle an der Dachhaut eine Veränderung vorgenommen: die vorhandene Spitzgaube (Holzkonstruktion) wich einer Stahl-Glas-Konstruktion (West-/Hofseite) mit einer kleinen Terrasse, angebunden an den geforderten zweiten Rettungsweg, eingebunden in das Farb- und Materialkonzept der umgebenden Dachlandschaft.

Dachwintergarten

Transparente Innenwände (mit Türen und Jalousien für wahlweise Trennung) und der Luftraum zur Arbeits- und Spielgalerie ermöglichen einen zweigeschossigen Allraum, an den sich auf Galerieebene die Individualräume anschließen.
Mit dem Ausbau wurden etwa 50 m² Wohnfläche hinzugewonnen.

Glasgaube

Die verglaste Gaube ersetzt die ehemalige Aufzugsgaube des 400 Jahre alten Hauses, wobei die Achse des Glasanbaus genau in einem leichten Gebäudeknick verläuft. Vom Innenraum aus ist ein schwellenfreier Übergang zum Außenbereich möglich, die Regenabläufe konnten ohne aufwendige Änderungen durchgezogen werden.

Konstruktion

Das Tragwerk wurde von einer Schlosserei aus schmalen, kaltverzinkten Mannesmann-Isolierprofilen in einem Stück geschweißt, mit dem Baustellenaufzug hochgezogen und an Ort und Stelle montiert. Die Isolierverglasung (VSG) ist von innen mit Glashalteleisten aus Viereckrohren an die T-Profile geschraubt. Die einfache Konstruktion hat sich als dauerhaft (keine Schwitzwasser- und Korrosionsbildung) und kostengünstig erwiesen. Außen sind die Profile in der Farbe der umgebenden Dachlandschaft lackiert, innen wurden sie in Anpassung an die Holzverkleidung weiß gestrichen.

Klimatisierung

Der Wintergarten ist zum Wohnteil hin offen und wird im Winter beheizt (Gastherme). Für die sommerliche Verschattung waren ursprünglich Raffrollos vorgesehen. Die Erfahrung hat aber gezeigt, daß die Lüftungsmöglichkeit über die darüberliegenden, im Firstbereich verlaufenden Dachfenster durch die „Kaminwirkung" zusätzliche Einrichtungen überflüssig macht.

Kosten

Die Kosten für Tragwerk und Verglasung betrugen DM 14.000,-. Das nächstgünstigste Angebot lag bei DM 26.000,-.

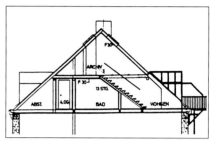

Schnitt

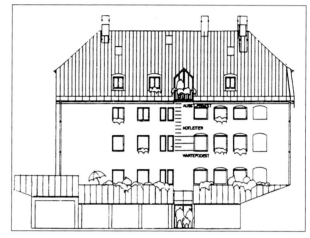

Ansicht von Westen

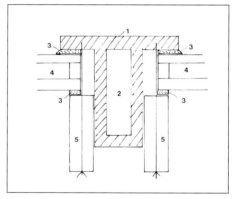

Skizze Tragprofil

1 T-Profil
2 Luft
3 Dichtungsprofil
4 VSG
5 Rechteckrohr

Glaskonstruktionen im Dachausbau

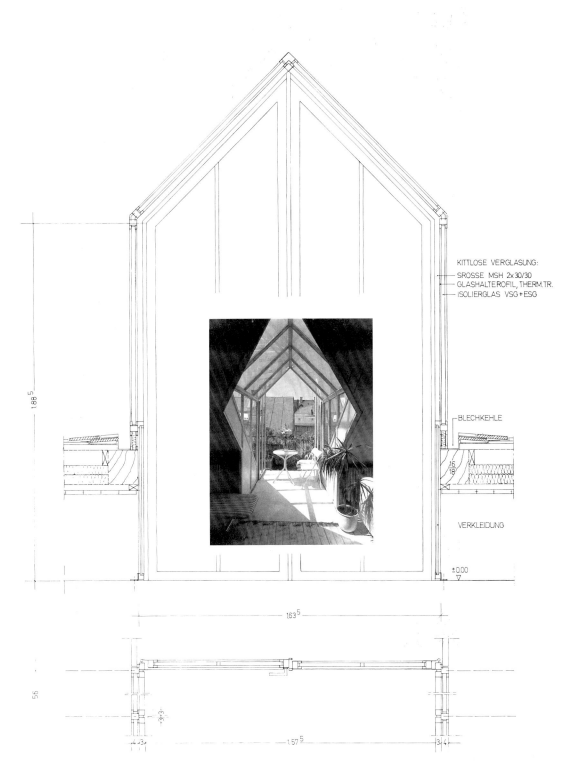

KITTLOSE VERGLASUNG:
- SROSSE MSH 2x30/30
- GLASHALTEROFIL, THERM.TR.
- ISOLIERGLAS VSG+ESG

BLECHKEHLE

VERKLEIDUNG

Anschluß verglaste Gaube, Schnitt und Grundriß, M. 1:20
Die verglaste Gaube erschließt einen kleinen Dachbalkon.
Die verwendeten Materialien sind einfach und fügen sich
wie selbstverständlich in die denkmalgeschützte Fassade ein.

Dachwintergarten

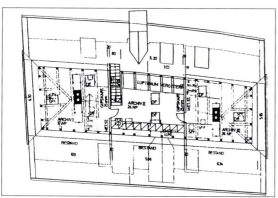

Grundriß Galerie

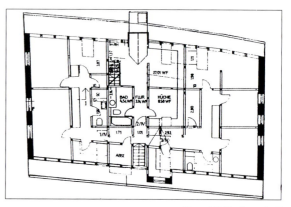

Grundriß Dachgeschoß

Glaskonstruktionen im Dachausbau

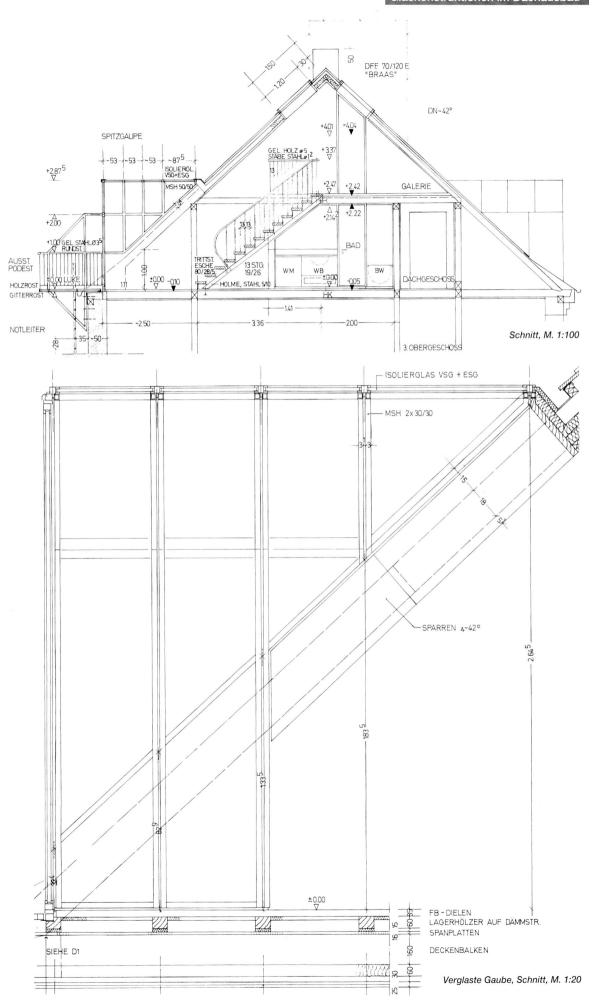

Schnitt, M. 1:100

Verglaste Gaube, Schnitt, M. 1:20

Dachwintergarten

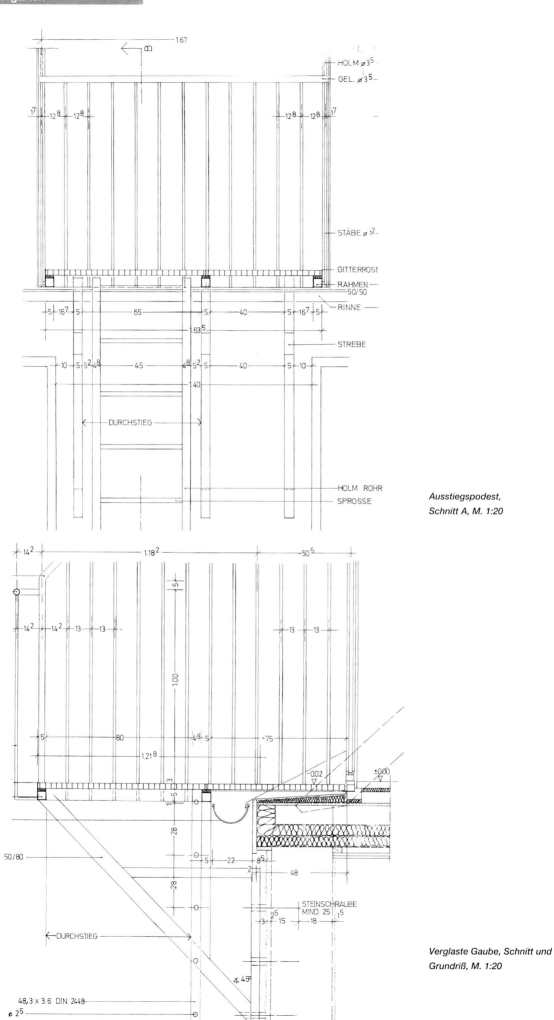

Ausstiegspodest,
Schnitt A, M. 1:20

Verglaste Gaube, Schnitt und
Grundriß, M. 1:20

Mediendruckerei Lahr

Bauherr:	Alfred Schütz, Lahr
Planung:	LOG ID Dieter Schempp, Tübingen
Entwurf:	Fred Möllring
Projektleiter:	Gerhard Steiner
Pflanzplanung:	Jürgen Frantz
Gesamtnutzfläche:	2.051 m²
Nutzfläche Glashaus:	205 m²
Gesamtrauminhalt:	9.694 m³
Rauminhalt Glashaus:	1.572 m³
Gesamtbaukosten (netto):	DM 4.277.000,–
Baukosten Glashaus:	DM 445.000,–

Städtebauliche Einbindung und Umgebung

Das Gebäude liegt im Gewerbegebiet von Lahr und wird über eine parallel zur Hauptverkehrsstraße geführte Zufahrtsstraße erschlossen.

Im Süden und Norden grenzt das Grundstück an Gewerbegebiete, die Erschließung erfolgt von Osten. Eine Erweiterung des Gebäudes ist nach Norden möglich, im Westen erfolgen die Anlieferung und der Abtransport der Waren über eine an der Nordseite des Grundstücks geführte Erschließungsstraße.

Architektur, Gebäudestruktur und Nutzung

Zu planen war eine Produktionshalle mit zwei Druckmaschinengebäuden und ein Verwaltungsgebäude mit 16 Büroräumen und Nebenräumen.

Mediendruckerei Lahr

Das Glashaus ist verbindendes Element zwischen Produktion und Verwaltung. Darin sind der Eingangs- und Erschließungsbereich, Besprechungsplätze, Cafeteria und Sozialräume integriert. Durch die sich öffnende Form und das transparente Dach entsteht ein sehr großzügiger Raum. Die Bürobereiche öffnen sich zum Glashaus hin.

Die Druckerei mußte aus brandschutztechnischen und akustischen Gründen zum Glashaus hin weitgehend geschlossen bleiben.

Sonnenenergienutzung

Die vom Glashaus erzeugte Sonnenwärme wird passiv für die Büros verwendet. Dazu werden die großen Glasfaltelemente geöffnet.

Die Zusatzenergie für den Bürobereich wird konventionell über Heizkörper gedeckt.
Des weiteren erhält das Gebäude eine gute Wärmedämmung.

Licht

Für die Büros mit Computerarbeitsplätzen ist eine gleichmäßige und blendfreie Belichtung der Arbeitsplätze wichtig. Deshalb sind nur kleine Fenster an der Südfassade vorgesehen, die Belichtung erfolgt überwiegend über das Glashaus. Das Glashaus erhält über das große Glasdach sehr viel Licht, das im Sommer durch die Pflanzen gefiltert wird.

Pflanzplanung

Die Beete wurden so ausgelegt, daß Besprechungsinseln entstehen, die mit Wegen verbunden sind. Die Wege verlaufen gewunden und führen an subtropischen Pflanzen vorbei. Die Pflanzen wurden direkt ins Erdreich gepflanzt.
Die Beete sind mit einem automatischen Bewässerungssystem im Erdreich versehen.

Glashalle

Der Raum, über dem sich das Glasdach befindet, ist trapezförmig ausgebildet. Das Glasdach wurde als Giebeldach ausgeführt.
Die Traufkante verläuft waagrecht, während der First auf Grund der Geometrie nach oben ansteigt.

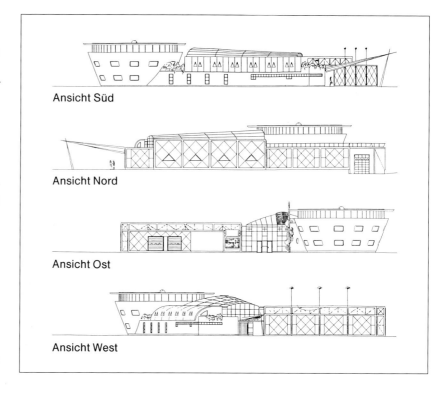

Ansicht Süd

Ansicht Nord

Ansicht Ost

Ansicht West

Die Glashalle besteht lediglich aus dem Glasdach und den beiden Fassaden auf der West- und Ostseite. An den angrenzenden Längsseiten befindet sich der Bürotrakt bzw. die Produktionshalle.

Glasdach

Das Glasdach liegt über dem 1. OG, die Dachneigung beträgt ca. 14°. Die kleinste Breite des trapezförmigen Grundrisses beträgt 6,3 m, die größte 14,75 m.

Konstruktionsraster

Um den größten Teil der Scheiben in rechtwinkliger Form einbauen zu können, wurde das Konstruktionsraster für die Verglasung parallel zur Traufkante gelegt. Dadurch werden alle Scheiben mit Ausnahme derjenigen, die an den First bzw. an die beiden Fassaden stoßen, rechtwinklig. Die Kosten reduzieren sich mit dieser Maßnahme.

Holztragkonstruktion

Die Tragkonstruktion wurde aus Holz vorgefertigt und aufgebaut, während die Verglasung von einem anderen Handwerksbetrieb nachträglich aufgebracht wurde. Die Holzkonstruktion besteht aus unterspannten Trägern und daraufliegenden Pfetten. Unter den Glasprofilen befindet sich die Holzkonstruktion, jedoch nur in Längsrichtung.

Stahlkonstruktion

Für die Verglasung wurden zusätzliche Rechteckrohrprofile auf die Holzkonstruktion aufgebracht. Unter den Glasprofilen befindet sich die Holzkonstruktion, jedoch nur in Längsrichtung. In Querrichtung laufen lediglich die Rechteckrohre, die die Holzpfetten kreuzen.

Die Stahlkonstruktion liegt nicht flächig auf den Holzpfetten auf, sondern wurde mit Abstandplatten ca. 5 mm von der Holzkonstruktion abgehoben. Damit wird vermieden, daß sich Schwitzwasser an den Berührungsflächen zwischen Holz und Stahl bildet und die Konstruktion angegriffen wird.

Als Verbindungsglied zu den beiden angrenzenden Gebäuden sind Zinkblechrinnen mit einer Breite von ca. 1,10 m eingebaut worden.

Glasstöße

Alle Glasstöße, die rechtwinklig zur Dachneigung liegen, mußten auf Grund der flachen Dachneigung bündig mit der Glasoberfläche ausgeführt werden, um Wasserstau und Schmutzansammlung zu vermeiden. Die Versiegelung an dieser Stelle erfolgte mit einem Material, das bei Fassaden mit

Hallen

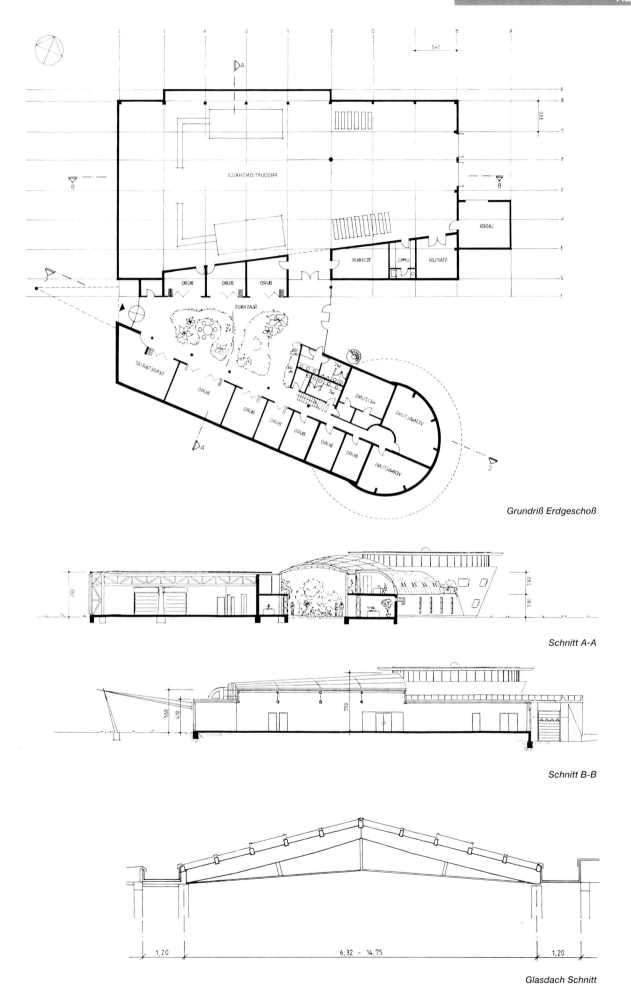

Grundriß Erdgeschoß

Schnitt A-A

Schnitt B-B

Glasdach Schnitt

sog. „Structural Glazing" verwendet wird. Es muß aber gewährleistet sein, daß der Randverbund des Glases für diese Versiegelung geeignet ist.

Auf Grund der flachen Dachneigung kann auf dem Glasstoß kein Abdeckprofil angebracht werden. Ein Stufenglas kam aus gestalterischen Gründen nicht in Frage, somit blieb nur die Alternative, eine bündig versiegelte Fuge herzustellen. Die Technik und das verwendete Material entsprechen dem von „Structural Glazing".

Die Scheibenkanten werden dazu bei der Fabrikation mit einem Material beschichtet, das dem Material der Versiegelung, die auf der Baustelle angebracht wird, entspricht. Die oberen Scheiben ragen über den Randverbund etwas heraus, um die Fugenbreite zu verringern.
Die Verklotzung erfolgt gegen das durchlaufend eingeschraubte U-Profil aus Alu. Die Belüftung der Glasfalze, die nach den Verglasungsvorschriften erforderlich ist, wird über die Glasstöße quer dazu erreicht.

Die Scheibengröße wurde im Dachbereich auf ca. 1,0 x 1,0 m festgelegt. Die Holzpfetten verlaufen nur unterhalb der Längsstöße. Die Scheiben müssen mit einem UV-festen Randverbund versehen werden.

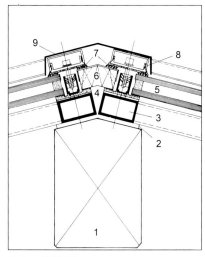

Firstpunkt M.1:5

1 Firstpfette h = 18 cm, BSH entsprechend der Dachneigung abgeschrägt
2 Abstandsblech zwischen Holz und Rechteckrohren
3 2 x Rechteckrohr 50/30/3 mm, feuerverzinkt
4 Dichtband
5 Wärmeschutzglas, oben ESG, unten VSG
6 Abstandhalter aus EPS mit Alukaschierung und Löchern für Entlüftung, Dicke entsprechend der Glasdicke
7 Gummidichtung
8 Deckleisten mit Abdeckkappe, Alu eloxiert
9 zus. Firstabdeckkappe, Alu eloxiert

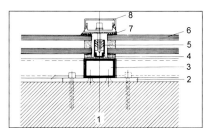

Querstoß der Glasscheiben, M. 1:5

1 Holzpfette
2 Abstandsblech d = 5 mm, mit Innensechskantschrauben auf Holz befestigt, mit Senkschrauben am Stahlprofil befestigt
3 Stahlprofil als Rechteckrohr, feuerverzinkt
4 Dichtband/Gummiauflager
5 Kunststoffprofil zur Befestigung der Deckschiene
6 Wärmeschutzglas mit k = 1,5 W/m²K, innen VSG
7 Dichtband
8 Deckschiene mit Abdeckhaube, Alu eloxiert

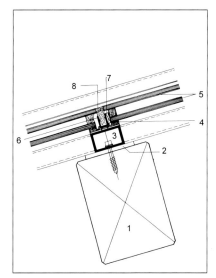

Längsstoß der Glasscheiben, M. 1:5

1 Holzpfette h = 18 cm als BSH
2 Abstandsblech zwischen Holz und Rechteckrohr
3 Rechteckrohr 50/30/3 mm, feuerverzinkt
4 Dichtband
5 Wärmeschutzglas mit k = 1,5 W/m²K, außen 8 mm, SZR 12 mm, innen VSG 2 x 4 mm
6 Alu-⊔ 20/15/2 mm, auf Profil festgeschraubt mit Gummiband als Widerlager für Verklotzung (muß zur oberen Scheibe Abstand haben!)
7 Verklotzung
8 Versiegelung

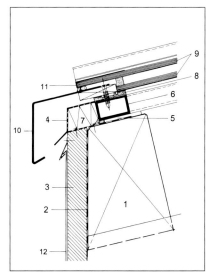

Traufpunkt, M. 1:5

1 Holzpfette h = 18 cm BSH
2 Dampfsperre bis unter das Glasprofil
3 V100-Verlegeplatte senkrecht zwischen Holzpfette und Rinnenkonstruktion
4 Dampfsperre (Folie), verbunden mit dem Stahlprofil
5 Abstandsblech zwischen Holz und Rechteckrohr, Abstand ca. 5 mm
6 Rechteckrohr 50/30/3 mm, feuerverzinkt
7 EPS als Wärmedämmung vor Rechteckrohr
8 Dichtband auf Rechteckrohr/Auflagergummi für Glas
9 Stufenglas mit Verklotzung, Wärmeschutzglas mit k = 1,5 W/m²K, innen VSG
10 Überhangblech mit Verklotzung zusammen auf Rechteckrohr geschraubt
11 Abdeckblech, auf Glaskante aufgeklebt
12 Anschluß an innenliegende Kastenrinne

Hallen

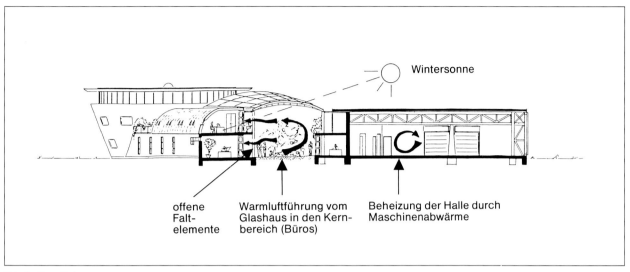

Prinzipskizze Heizsysteme

- offene Faltelemente
- Warmluftführung vom Glashaus in den Kernbereich (Büros)
- Beheizung der Halle durch Maschinenabwärme

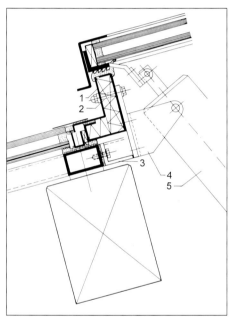

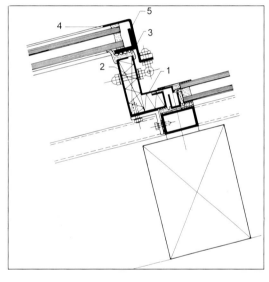

Unterer Anschluß Lüftungsklappe, M. 1:5

1. Rahmen aus elox. Alu-Blech mit innenliegender Wärmedämmung
2. Kunststoffklotz im Kern im Bereich der Motorhalterung
3. Winkel zur Befestigung am Profilsystem und der Motorhalterung
4. Motorhalterung
5. Spindelmotor

Oberer Anschluß Lüftungsklappe, M. 1:5

1. Winkelrahmen aus Alublech mit Styroporkern
2. Kunststoffklötze im Kern im Bereich der Bänder
3. Dichtgummi, ringsumlaufend
4. Öffnungsklappe, verglast mit Bändern
5. zwei Winkel als Befestigung am Rahmen

Blick auf die Glaskonstruktion mit Entlüftungssystem

Mediendruckerei Lahr

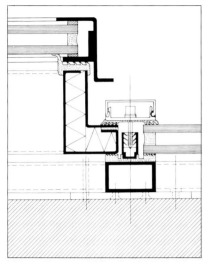

Lüftungsklappe, seitlicher Anschluß, M. 1:5

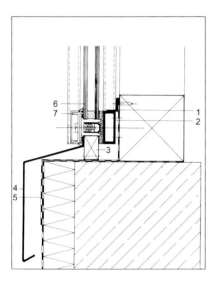

Fußpunkt Fassade Glashaus, M. 1:2
1. Abstandhalter für Rechteckrohr
2. Rechteckrohr 50/30/3 mm, feuerverzinkt
3. Abstandhalter Deckleiste aus Eichenholz mit Durchbrüchen für Belüftung und Entwässerung
4. Überhangblech Alu 2 mm
5. Folie durchgehend verklebt
6. Wärmeschutzglas
7. Deckleiste mit Abdeckklappe

Um einen Übergang zwischen der Glasfassade und dem Massivgebäude zu finden, wurden jeweils an den Rändern zurückversetzte senkrechte Glasstreifen angebracht, die am oberen Rand den vorderen Abschluß der Blechrinne bilden.
Der Versatz beginnt bei der Betonstütze für die Dachkonstruktion, die mit einem Achsmaß von 1,20 m vom Gebäude entfernt steht.

Verbindungsgang zu den Büros
Auf der Büroseite befindet sich zwischen der Stützenachse und dem Gebäude der Erschließungsgang.
Die Übergänge sind durch Paneelbleche mit innenliegender Wärmedämmung ausgebildet.

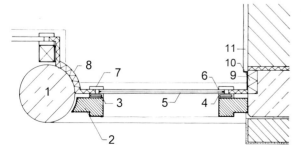

Anschluß Fassade-Produktionshalle, M. 1:20

1. Betonstütze d = 300 mm
2. Tragkonstruktion Holz, an Betonstütze und an Betonwand befestigt
3. Rechteckrohre als Glashalteprofile, feuerverzinkt
4. Dichtband, Gummi
5. Glas
6. Dichtband, Gummi
7. Deckleisten aus Alu
8. Blechpaneel, angepaßt an Rundstütze
9. Blechpaneel an Betonwand mit Putzkante
10. Wärmedämmung, stirnseitig in Betonwand eingelegt
11. Außenputz an Hallenwand

Hallen

Mediendruckerei Lahr

1 Dachüberstand
 • Blechdeckung   n Falz 25 mm
 • Abdichtung
 • Rauhe Schalung   19 mm
 • Keilholz   120 – 0 mm
 • Rauhe Schalung   19 mm
 • Balken   250 – 100 mm
2 Flachdachaufbau
 • Abdichtung
 • Wärmedämmung   120 mm
 • Dampfsperre
 • Rauhe Schalung   19 mm

3 Decke
 • Deckenbalken   250 mm
 • Vlies einlagig
 • Lattung   25/30
 • Konterlassung   25/50
 • Vlies 2-lagig
 • Schalung   85/15
4 Aufbau Brüstung
 • Duripaneel   16 mm
 • Lattung   24 mm
 • Dampfsperre
 • Rauhe Schalung   19 mm
 • Abdichtung
 • Lattung   24 mm
 • Duripaneel   16 mm

Schnitt 3. Obergeschoß, M. 1:20

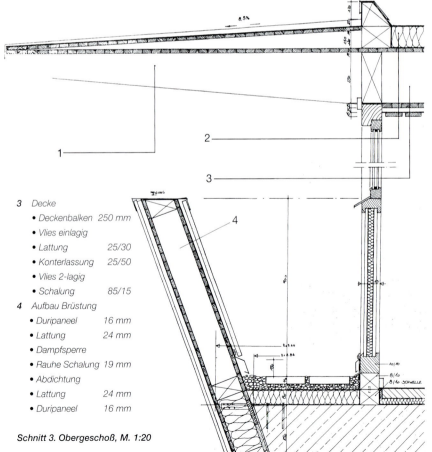

Büroturm

Der Büroturm ist dreigeschossig ausgebildet. Das Gebäude für die unteren beiden Geschosse wurde als auf den Kopf gestellter Kegelstumpf ausgeformt. Das dritte Geschoß sitzt als zylindrischer Körper darüber. Die Wände des Zylinders im 3. Obergeschoß wurden ringsum als Fenster ausgeführt, wobei die Brüstungselemente geschlossene Paneele sind. Vor der Fensterfront liegt ein Dachumgang, die Brüstung dieses Dachumgangs wird durch die verlängerte Außenwand des Kegelstumpfes gebildet.

Hallen

Kindertagesstätte Niederrad

Projekt:	Kindertagesstätte Frankfurt-Niederrad
Architekten:	Wörner + Partner, Frankfurt
Projektarchitektin:	Petra Sachse
Bauzeit:	1988 bis 1990
Brutto-Rauminhalt:	ca. 3.715 m³ (Massivgebäude)
	ca. 1.887 m³ (Glashalle)
Netto-Grundrißfläche:	777 m² (Massivgebäude)
	197 m² (Glashalle/Spielhof)
Baukosten Glashalle:	ca. 1,10 Mio. DM (incl. innenliegender Fassaden)

Aufgabenstellung

Auf dem Areal einer ehemaligen Gärtnerei sollte eine Kindertagesstätte mit 60 Kindergarten- und 40 Hortplätzen entstehen. Sowohl aktive wie passive Solarenergienutzung war vorgesehen. Das Grundstück liegt in der zweiten Reihe hinter dem Neubau eines Wohn- und Geschäftshauses.

Baubeschreibung

Die Entwurfskonzeption für die Kindertagesstätte ergab sich aus folgenden Kriterien:
1. Die städtebauliche Einbindung des zur Verfügung stehenden Grundstückes – im Osten der Andienungshof eines geplanten SB-Marktes,

Kindertagesstätte Niederrad

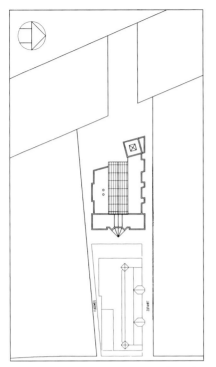

Lageplan

Ansicht von Süden, M. 1:400

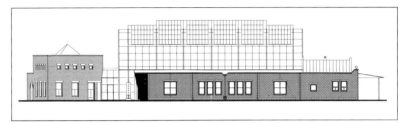

Ansicht von Westen, M. 1:400

im Norden die Zufahrt zum Bauhof und im Westen die Bahngleise mit der dahinterliegenden Bürostadt-Kulisse.
2. Die Anlage sollte eingeschossig sein.
3. Die Vorgabe, für die Verwendung aktiver Sonnenenergie (Photovoltaik) ca. 120 m² geneigte Dachfläche nach Süden vorzusehen.
4. Die Wahl einfacher, kindvertrauter Baukörper und Formen, wie z.B. die der Bauklötze. Als Entwurfsidee ergab sich hieraus die „Burg aus Bauklötzen".

Die drei Bereiche der Kindertagesstätte – Kindergarten, Eingang und Nebenräume, Hort – bilden drei Flügel um einen gemeinsamen Innenhof, der sich nach Südwesten zu den Außenanlagen hin öffnet.

Entsprechend dem Gedanken der Burg – Schutz gegen die Außenwelt – sind die äußeren Fassaden aus massivem Kalksandstein-Sichtmauerwerk gestaltet und die inneren transparent mit großen Glaselementen zum Öffnen in den Spielhof.

Glashalle

Der Spielhof wird von einer Satteldach- Stahl-Glaskonstruktion überdeckt. Das Tragwerk besteht aus feuerverzinkten Fachwerkträgern mit Pfetten, die sowohl die Glasrahmenprofile als auch die Solarpaneele

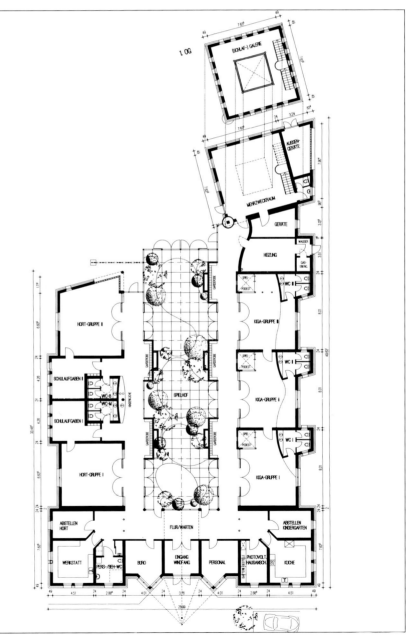

Grundriß, M 1:400

Hallen

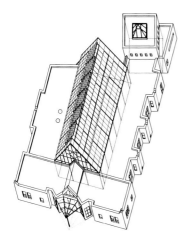

tragen. Die Vertikalkräfte der Konstruktion werden über die aus den Betondecken ausgeklappten 45° geneigten Betonfußpfetten abgetragen. Eine Stütze durchdringt im Eingangsbereich die Außenhaut und läuft bis zum Betonfundament im Außenbereich. Sie dient gleichzeitig als Rankgerüst.

Verglasung

Zwischen Flur und Halle 5 mm Floatglas, im Brüstungsbereich 5 mm ESG; im Fassadenbereich Isolierglas 2 x 6 mm Floatglas mit 14 mm SZR; im Schrägdachbereich außen 6 mm Floatglas, 12 mm SZR, innen 8 mm VSG. Wärmeschutz-Isolierglas kam aus Kostengründen nicht zum Einsatz.

Passive Solararchitektur

Etwa ein Drittel der Glasdachfläche wird von Solarpaneelen überdeckt, der andere, weitaus größere Teil der transparenten Dachfläche dient der passiven Sonnenenergienutzung. In der kalten Jahreszeit erwärmt sich die Halle durch die Sonneneinstrahlung. Zusätzlich kann die Warmluft zur Temperierung der angrenzenden Flure und Gruppenräume beitragen.
Um Energieverluste so gering wie möglich zu halten, besteht die gesamte Außenhaut des Gebäudes aus zweischaligem Kalksandstein-Mauerwerk. Als Wärmespeicher im Spielhof dienen zusätzlich die Pflasterbeläge und Mauernischen aus rotem Klinker.
Eine sorgfältig geplante Pflanzenanordnung (Konzept LOG ID Tübingen, siehe auch Beispiel Mediendruckerei Lahr) sorgt dafür, daß auch im Sommer bei starker Sonneneinstrahlung im Spielhof ein angenehmes Klima herrscht. Ursprünglich waren als zusätzliche Verschattungseinrichtung Sonnensegel geplant. Inzwischen wird die Verschattung allein durch die üppigen Pflanzen sowie durch die nach Süden orientierte Photovoltaikanlage, die ca. ein Drittel der Glasfläche abdeckt, als ausreichend empfunden. Für gute Durchlüftung sorgen zwei Reihen Lüftungsflügel im Dachbereich. Die Zuluft strömt über Kanäle unter dem Spielhof ein. Mechanisch regelbare, wärmeisolierte Zuluftklappen befinden sich in den Mauernischen im Bodenbereich und in Kopfhöhe.
Im Spielhof sind mediterrane Pflanzen in einer Humus-Substrat-Mischung gepflanzt. Die Bewässerung erfolgt automatisch. Die Pflanzen gedeihen außerordentlich gut, „fast schon zu üppig", wie die Projektarchitektin, Frau Sachse, anmerkt. Im Winter wird nur bei Unterschreiten der 5-°C-Grenze geheizt.

Kindertagesstätte Niederrad

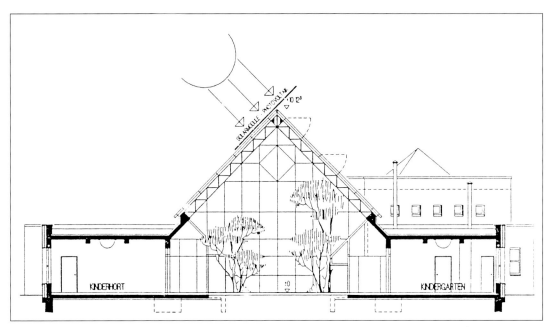

Schnitt, M. 1:200

Solarzellen

Die Solaranlage besteht aus monokristallinen Solarzellen mit 10 kW Leistung, aufgeständert auf dem 45°-Süddach. Sie dient zur Stromversorgung der Kindertagesstätte. Bei Entladung der Batterien bis auf ca. 20 % wird auf Netzbetrieb umgeschaltet.

Akzeptanz

Der Spielhof erfreut sich großer Beliebtheit bei Kindern und Personal. Das Echo kann als durchweg positiv bezeichnet werden. Inzwischen wurde das Glashaus als Cafeteria eingerichtet und kann ganzjährig als Pausenhof genutzt werden (außer bei extremer Kälte).

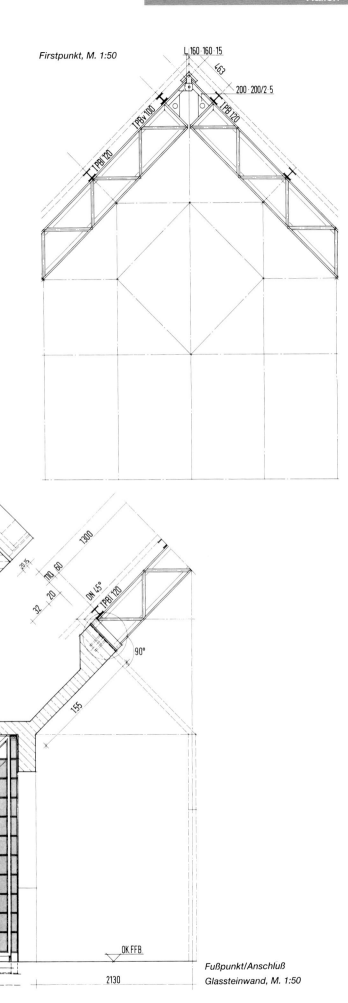

Firstpunkt, M. 1:50

Detail Fußpunkt, M. 1:10

Fußpunkt/Anschluß Glassteinwand, M. 1:50

Kindertagesstätte Niederrad

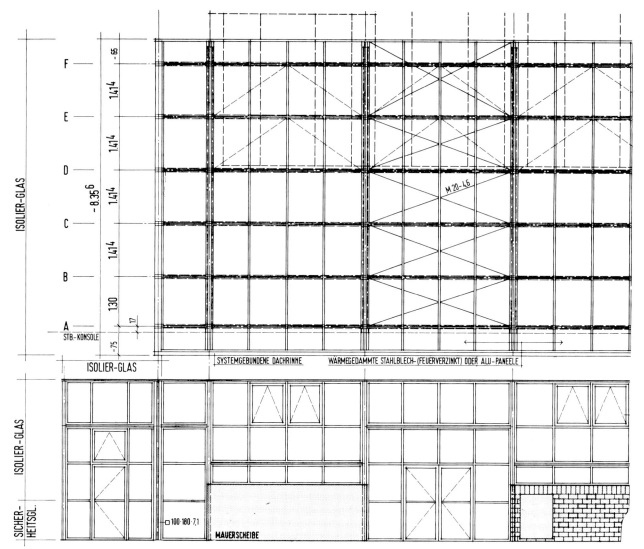

Teildachaufsicht und Teilansicht D, M. 1:100

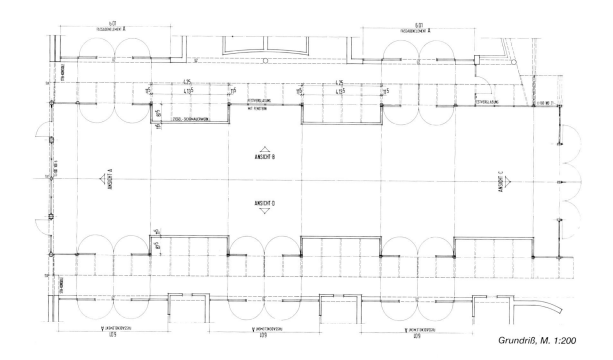

Grundriß, M. 1:200

Hallen

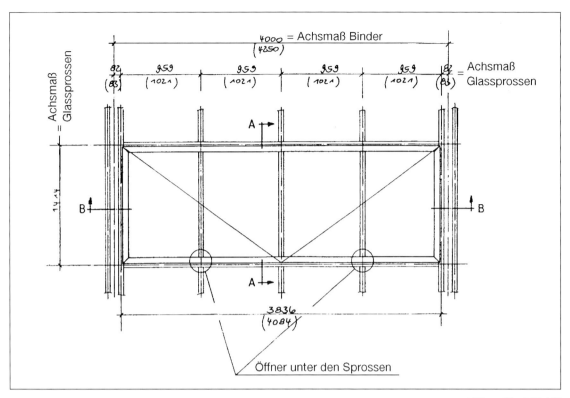

Lüftungsflügel, M. 1:50

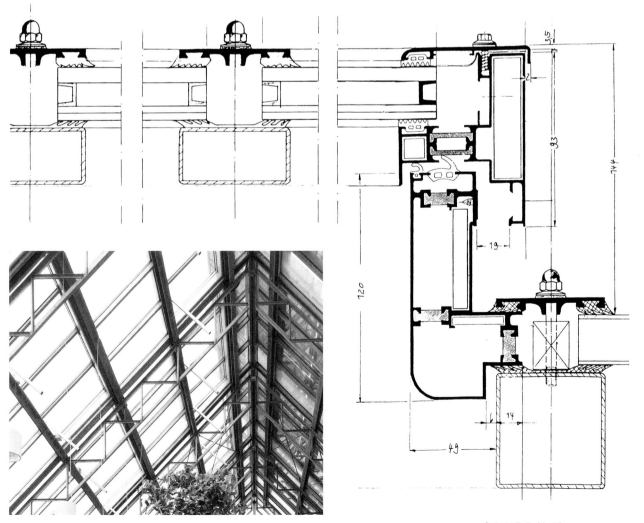

Schnitt B-B, M. 1:2

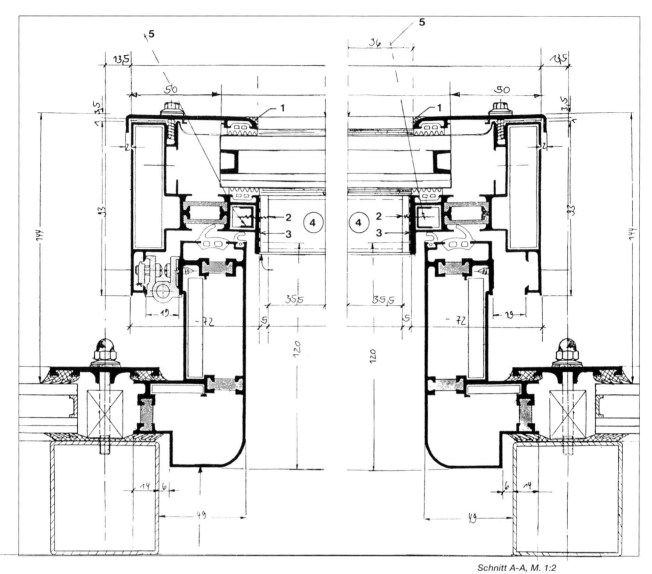

Schnitt A-A, M. 1:2

1. Versiegelung
2. Blechschrauben Ø 6,3 x 16 Edelstahl
3. Trennfolie
4. verzinkt. Rechteckrohr 60 x 30 x 2,0
5. [12/8

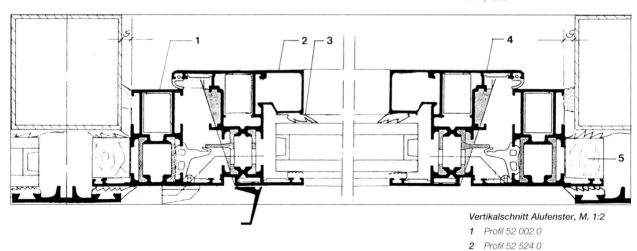

Vertikalschnitt Alufenster, M. 1:2

1. Profil 52 002 0
2. Profil 52 524 0
3. Profil 23 084 0
4. Profil 52 330 0
5. Hartholz 22/20

Hallen

Kindertagesstätte Griesheim

Architekten:	Funk & Schröder, Darmstadt
Bauzeit:	8/1988 bis 3/1990
Nutzfläche gesamt:	738 m²
Nutzfläche Glashäuser:	176 m²
Brutto-Baukosten:	DM 3,7 Mio.
Stahlkonstruktion Glashäuser:	ca. DM 90.000,–
Kosten Glas:	ca. DM 800.000,–

Konzept

Das Gebäude besteht aus drei deutlich ablesbaren Baukörpern: dem Servicegebäude im Norden, dem Glashaus im Süden und den eingeschobenen Kinderhäusern.

Servicegebäude

In einem zweigeschossigen Bauteil in massiver Bauweise, parallel zur nördlichen Grundstücksgrenze, sind alle Nutz- und Funktionsräume der Kindertagesstätte untergebracht.

Kindertagestätte Griesheim

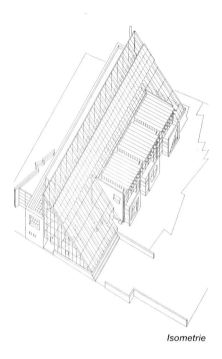
Isometrie

Ansicht von Westen

Ansicht von Süden

Ansicht von Osten

Kinderhäuser

In die Dachfläche des Glashauses wurden zweigeschossige Kinderhäuser für alle fünf Gruppen- und zwei Hausaufgabenräume eingeschoben. Die einzelnen Räume sind untereinander und mit den angrenzenden Glashäusern durch großzügige Schiebetüren verbunden. Intern werden die Gruppenräume durch Einbauten in verschiedene Niveaus und Raumbereiche gegliedert.

Glashaus

Gegen das Servicegebäude lehnt sich nach Süden hin das sog. „Glashaus" an. Die 45° geneigte Glasfläche überragt das Servicegebäude und wird mit diesem durch eine senkrechte Glas- und Paneelfläche verbunden. Die an Ost- und Westseite entstehenden dreieckigen Flächen werden ebenfalls verglast bzw. blechverkleidet. An der Westfassade liegt direkt am fußläufigen Erschließungsweg der Haupteingang.
Das Glashaus selbst gliedert sich in drei Funktionsbereiche:

– Der mittlere Bereich, in dem nach Süden hin die drei Kinderhäuser eingeschoben sind, erschließt sämtliche Räume der Kindertagesstätte im Erdgeschoß sowie über eine Galerie die Räume im Obergeschoß. Hier sind die den Kinderhäusern vorgelagerten Vor- bzw. Eingangshäuser sowie die Haupterschließungstreppe für das Obergeschoß angeordnet.

Ansicht von Norden

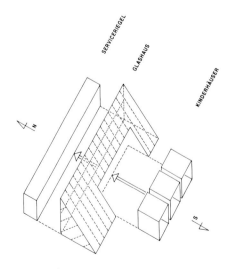
Gebäudekonzeption

Hallen

Kindertagesstätte Griesheim

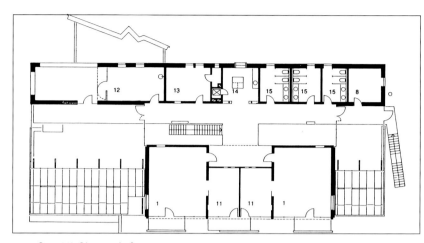

Grundriß Obergeschoß

1 Gruppenraum
2 Glashaus
3 „Straße"
4 Mehrzweckraum
5 Küche
6 Büro/Leiterin
7 Waschraum
8 Lager
9 Batterieraum
10 Heizraum
11 Nebenraum Hort
12 Werkraum
13 Personal
14 Kinderküche
15 WC

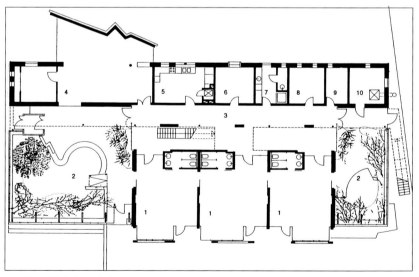

Grundriß Erdgeschoß

– Von diesem Bereich durch senkrechte Verglasungen klimatisch getrennt, liegen im Osten und Westen jeweils Glashäuser (Glashaus 1 und 2) mit intensiver subtropischer Bepflanzung. Damit stehen den Kindern großzügige Spiel- und Aufenthaltsflächen zur Verfügung.

Energiekonzept

Ziel ist die aktive und passive Sonnenenergienutzung. Dabei wird aus technischen und wirtschaftlichen Gründen keine volle solare Deckung des Bedarfs angestrebt. Im einzelnen handelt es sich dabei um folgende Nutzsysteme:

a) Stromerzeugung mittels einer Photovoltaik-Anlage
b) Warmwassererzeugung mittels Sonnenkollektoren
c) Wärmegewinnung auf passivem Weg mittels Glashäusern

Die 45° geneigte, exakt nach Süden ausgerichtete Glasfläche und ihre seitlichen Abschlüsse, die den Nutzräumen vorgestellt werden und diese teilweise umhüllen, dienen allen drei oben aufgeführten Energiegewinnungsarten.
So werden die Solarzellen der Photovoltaikanlage und die Solarkollektoren in die Glasfläche integriert.

Passive Solarenergie

Die nach Süden ausgerichteten Glashäuser sind als Wärmefalle konzipiert und können vornehmlich in den Übergangszeiten einen Teil der Heizenergie ersetzen.
Die erwärmte Luft in den Glashäusern wird mit einfachen, automatisch gesteuerten Ventilatoren aus dem wärmsten obersten Bereich der Glashäuser

mittels Lüftungsrohren direkt in die Nutzräume geführt. Dieses System hat sich als problematisch erwiesen (Steuerung, Hygiene, Ästhetik). Zur Wärmespeicherung ist in den Glashäusern teilweise Steinboden verlegt.

Nach Norden wirkt der zweigeschossige Servicebau als Wärmepuffer. Zusätzlich wird ein hochwärmegedämmtes Glas (k-Wert 1,6 W/m²K) zur Reduzierung der Wärmeverluste eingesetzt.
Zur Temperaturregulierung ist eine natürliche Be- und Entlüftung mit automatisch gesteuerten Öffnungsflügeln eingerichtet worden, und zwar jeweils im untersten und obersten Bereich der Glashäuser. Im Hochsommer muß zur Kühlung auch nachts gelüftet werden. Die unteren Lüftungsflügel mußten deshalb zum Schutz vor Einbruch nachträglich vergittert werden.

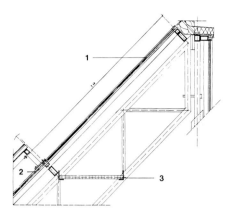

Schnitt Festverglasung/ Photovoltaikanlage

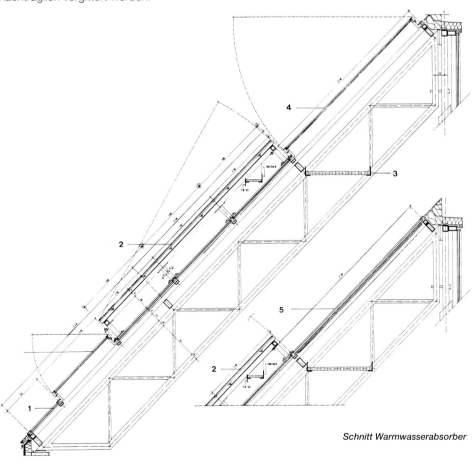

Schnitt Warmwasserabsorber

Schnitt Photovoltaikanlage

1 Festverglasung
2 Photovoltaikanlage
3 Wartungssteg
4 Öffnungsflügel
5 Warmwasserabsorber

Kindertagesstätte Griesheim

In den Glashäusern übernimmt die Bepflanzung weitgehendst den Sonnenschutz und leistet einen Kühleffekt durch Verdunstung an den Blattoberflächen bei hohen Temperaturen (Bepflanzungskonzept LOG ID). Auf die geplante Verschattung durch zusätzliche Sonnensegel mußte nicht zurückgegriffen werden.

Akzeptanz

Die Glashäuser sind inzwischen üppig begrünt. Vor allem das kleine Glashaus wird von den Gruppen gerne als intimer Rückzugsbereich genutzt. Im großen Glashaus können Veranstaltungen wie Theater, Konzerte etc. stattfinden. In der kalten Jahreszeit sind die Glashäuser nur soweit beheizt, daß die subtropischen Pflanzen frostfrei überwintern können.

Glashäuser dieser Art empfehlen sich als pädagogisches Hilfsmittel, um Kindern in der Großstadt Natur näherzubringen. Die offenen, hellen Räume wirken befreiend und bauen Aggressionen ab.

Altenpflegeheim Konstanz

Architekt:	Herbert Schaudt, Konstanz
Projektleiter:	Ingo Bucher
Mitarbeiter:	Peter Bergengren, Ralf Schöwer, Jürgen Jakob
Bauzeit:	April 1988 bis Juli 1990

Entwurf

Ein einfacher langgestreckter Baukörper bildet zusammen mit dem Feierabendheim, dem bestehenden Pflegeheim und dem Betriebsgebäude einen großen, gut besonnten Hof. Durch diesen Hof führt ein überdachter Steg über den angelegten Teich zur verglasten Eingangs- und Treppenhalle auf der Westseite des neuen Gebäudes.

Licht und Sonne waren wesentliche Kriterien für die Gestaltung dieser Halle. Die Forderung nach Transparenz wird aber auch in anderen Bereichen deutlich. So erhalten die Zweibettzimmer mit ihren erkerartigen Eckverglasungen über vorspringende Gebäudeteile Morgensonne.

Altenpflegeheim Konstanz

Westsonne dagegen gelangt über offene Galerien, durchlichtete Aufenthaltszonen und den Südfreisitz bis in die laubengangartigen Flure. Von hier aus wiederum bieten sich zahlreiche Ausblickmöglichkeiten nach Westen in den Gartenhof. Vollkommen transparent wurde die Fassade im Bereich der Café- und Aufenthaltszone gestaltet. Vom vorgelagerten Gartenhof her ergibt sich somit ein diagonaler Durchblick durch das Café über den Treppenraum und das Foyer bis zum Haupteingang.

Konstruktion

Glashalle als Stahlkonstruktion mit Preßverglasung; außenseitige Verschattung; Abführen der Dachlast über außenliegende Säulen, wobei eine Säule als Druckstab mit Zugseilen ausgebildet ist.

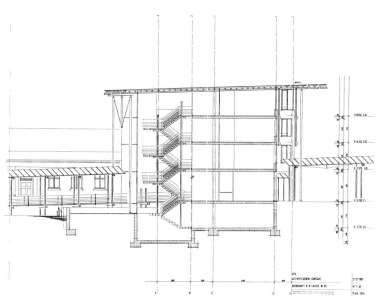

Schnitt durch das Treppenhaus, M. 1:400

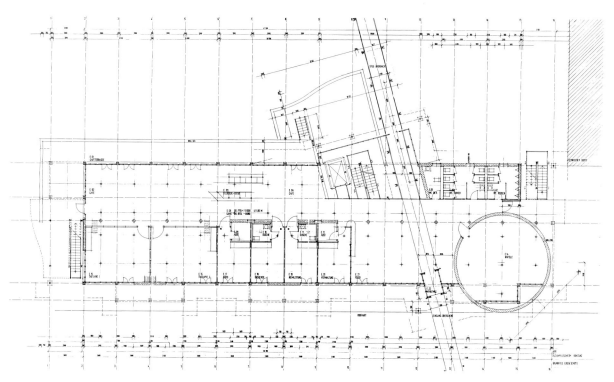

Grundriß Erdgeschoß, M. 1:400

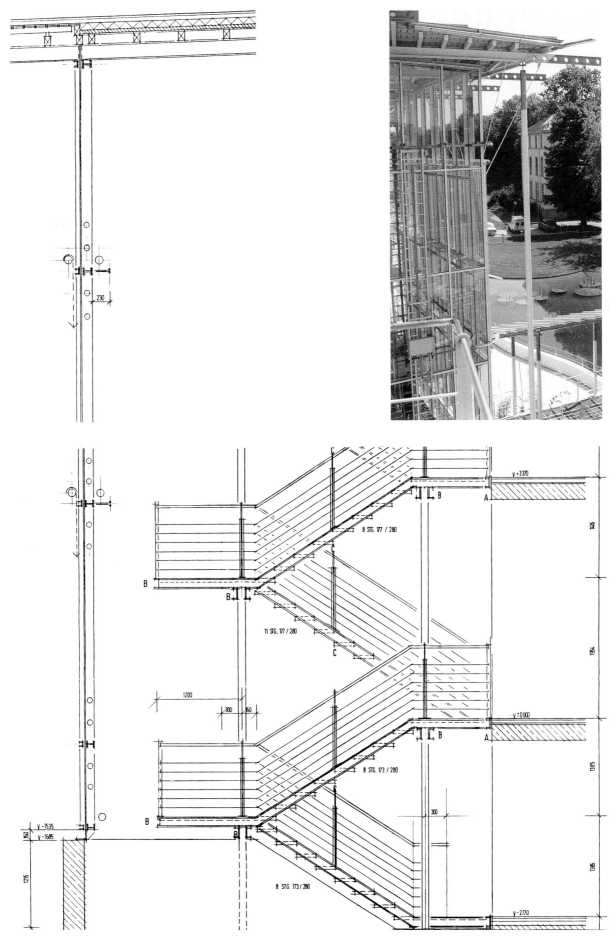

Schnitt verglaster Treppenraum, M. 1:50

Altenpflegeheim Konstanz

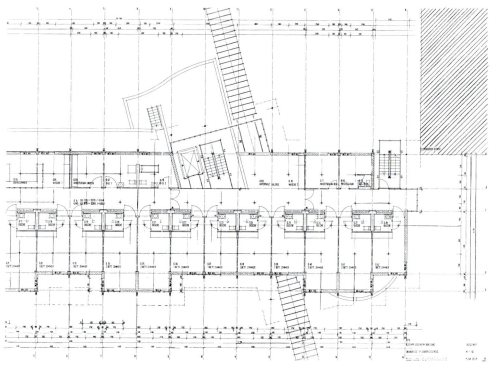

Grundriß Obergeschoß M. 1:1400

Hallen

Altenpflegeheim Konstanz

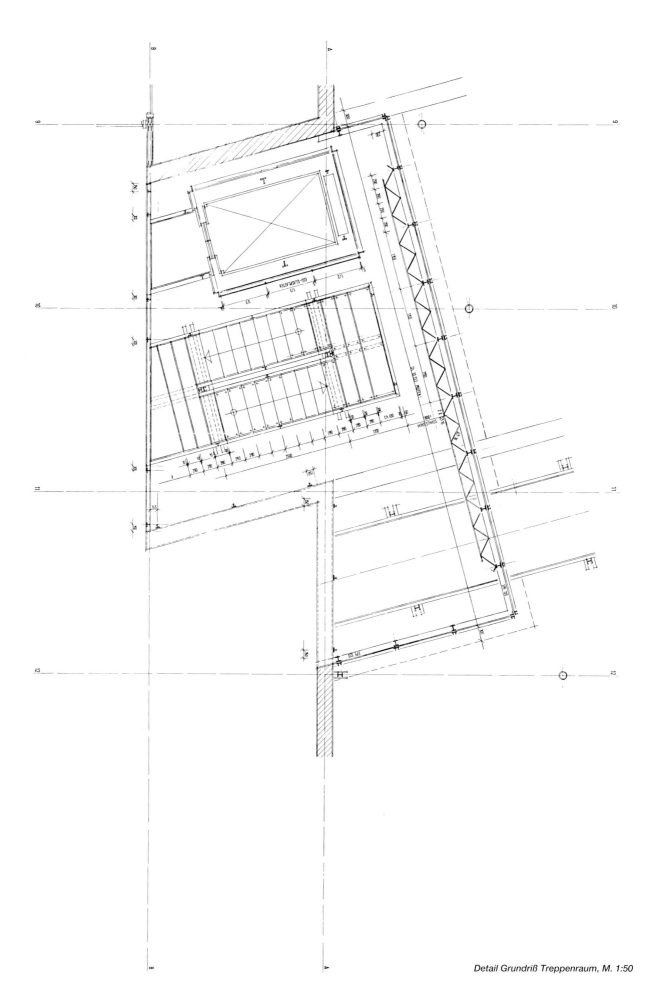

Detail Grundriß Treppenraum, M. 1:50

Hallen

Transferzentrum

Projekt:	Transferzentrum für angepaßte Technologien, Rheine
Architekt:	Jürgen Hornemann, Greven
Bauzeit:	1991 bis 1993
Baukosten:	DM 2.300/m² (incl. Nebenkosten)

Bei der Konzeption des „Transferzentrums für angepaßte Technologien" wurde von vornherein der Anspruch erhoben, das Gebäude selbst zum Anschauungsmaterial und Lehrbeispiel für ökologische Prinzipien werden zu lassen.

Der erste Schritt galt der Minimierung der Energieverluste mit möglichst einfachen Mitteln. Um den Anteil an Außen- bzw. Verlustflächen zu reduzieren, wurde als Baukörper ein im Grundriß quadratischer Kubus

Transferzentrum

gewählt. Dieser Kubus wird von einem Glaszylinder durchdrungen, der als Erschließungsfoyer funktioniert und alle Zugangsrichtungen auffängt. Über diese Wege rückt auch die Natur in Form eines baumumstandenen Atriums in die Mitte des Gebäudes. Das Forum bietet zusammen mit den Galerien in den beiden Geschossen Platz für etwa 80 Sitzplätze.

Der Kubus wurde als klassische, massive Mauerwerksarchitektur konzipiert, die den durchsichtig-filigranen Zylinder umgibt.

Der Zylinder ist zugleich auch Wärmeerzeuger: Die erwärmte Luft wird an der höchsten Stelle angesaugt, in den Heizkeller geleitet und über einen Wärmetauscher für die konventionelle Beheizung eingesetzt. Dem Einstrahlungswinkel entsprechend wurde das Glasdach schräg gestellt. Aus gleichem Grund ist der massive Körper im Südwesten nur zweigeschossig. An warmen Tagen kann man das Dach durch große Lüftungsfenster öffnen. Kältere Luft strömt dann durch Bodenkanäle von Norden nach.

Tragwerk

Die Glasrotunde hat als Primärkonstruktion zwei karminrot gestrichene Gitterträger aus Stahl, die auf Betonkonsolen (aus dem Ringbalken auskragend) gelagert sind. Auf diesen Trägern ruht die Stahlkonstruktion der Sprossen und Pfosten aus Kastenprofilen.
Für die Isolierverglasung wurden thermisch getrennte Alu-Profile verwendet. Die aus der komplizierten Geometrie sich ergebenden Anschlüsse und Anschnitte wurden mit Hilfe von CAD ermittelt. Im Scheitel der Glashaut befinden sich zwölf fernbediente Ventilationsflügel (sechs auf jeder Dachseite), die sich „tulpenförmig" öffnen, um die bestmögliche Lüftung zu ermöglichen. Die Farbgebung Weiß Grau Karminrot entspricht dem Firmenlogo des Transferzentrums.

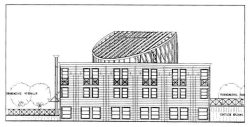
Nordwestansicht

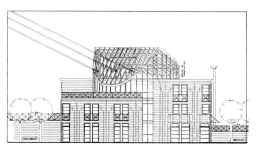
Südostansicht

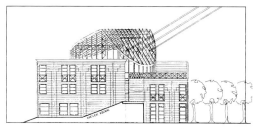
Südwestansicht

Nordostansicht

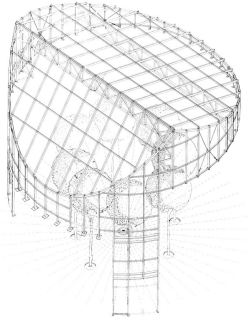
Schema Tragwerk

Klimatisierung der Halle

Lüftungsflügel genau am höchsten Punkt des Gebäudes (ohne die geringste Taschenbildung für Hitzestau) und eine ausreichende Gebäudehöhe (hier ca. 15 m), die die kaminartige Thermik unterstützt, hält Architekt Hornemann für die wichtigsten Maßnahmen, um eine funktionsfähige Lüftung sicherzustellen. Im Zylinder wurde bislang eine Temperatur von ca. 26 °C nie überschritten. Für den Wintergarten des Nullenergiehauses (siehe Teil „Ausblick"), wo die gleichen Prinzipien zur Anwendung kamen, werden Höchsttemperaturen von 22 °C angegeben.

Im Glaszylinder besteht die Verglasung aus einer kombinierten Sonnenschutz-Wärmeschutz-Verglasung mit einem k-Wert von 1,3. Zusätzliche Verschattungseinrichtungen entfallen, sieht man von der natürlichen Beschattung durch die Laubbäume im Forum ab. Unterstützend für eine ausgleichende Klimatisierung wirkt auch die Zufuhr frischer, kühler Luft, die über einen Bodenkanal aus dem Nordbereich unter dem Sockel des Rednerpodestes eingeblasen wird.

Der Zylinder wird konventionell beheizt, doch in der Nutzung hat sich herausgestellt, daß die Temperierung über die angrenzenden Räume sowie die Erwärmung durch Sonneneinstrahlung mit Ausnahme von wenigen Tagen im Jahr ausreichend sind.

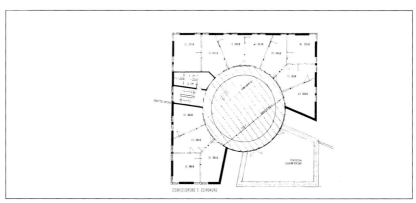

Grundriß 2. Obergeschoß

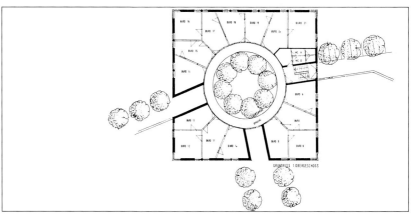

Grundriß 1. Obergeschoß

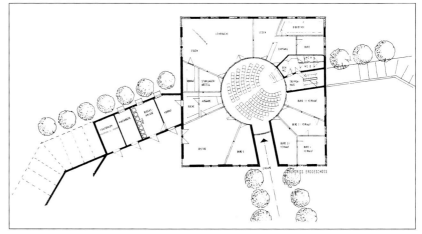

Grundriß Erdgeschoß

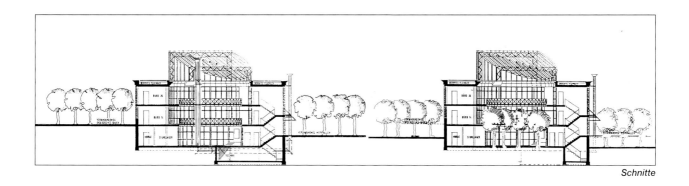

Schnitte

Transferzentrum

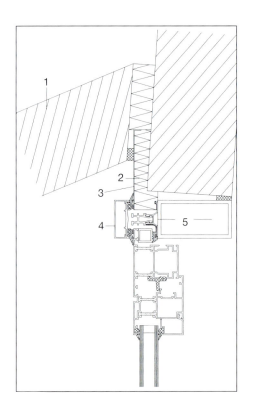

Wandanschluß, Eingangsbereich, M. 1:2
1 Mauerwerk
2 Wärmedämmung
3 Alu-Blech, beschichtet
4 Deckkappe
5 Rechteckprofil 50/100/4,5

Hallen

Transferzentrum

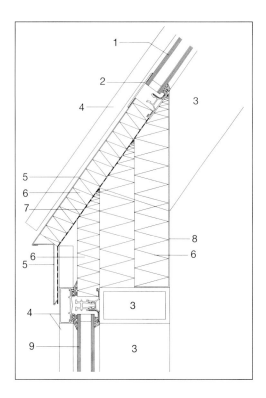

Schnitt Traufe, M. 1:5

1 Isolierglas, innen VSG
2 Siproband
3 Rechteckprofil 50/100/4,5
4 Deckkappe
5 Alu-Blech, beschichtet
6 Wärmedämmung
7 Folie
8 Stahlblech
9 Isolierglas

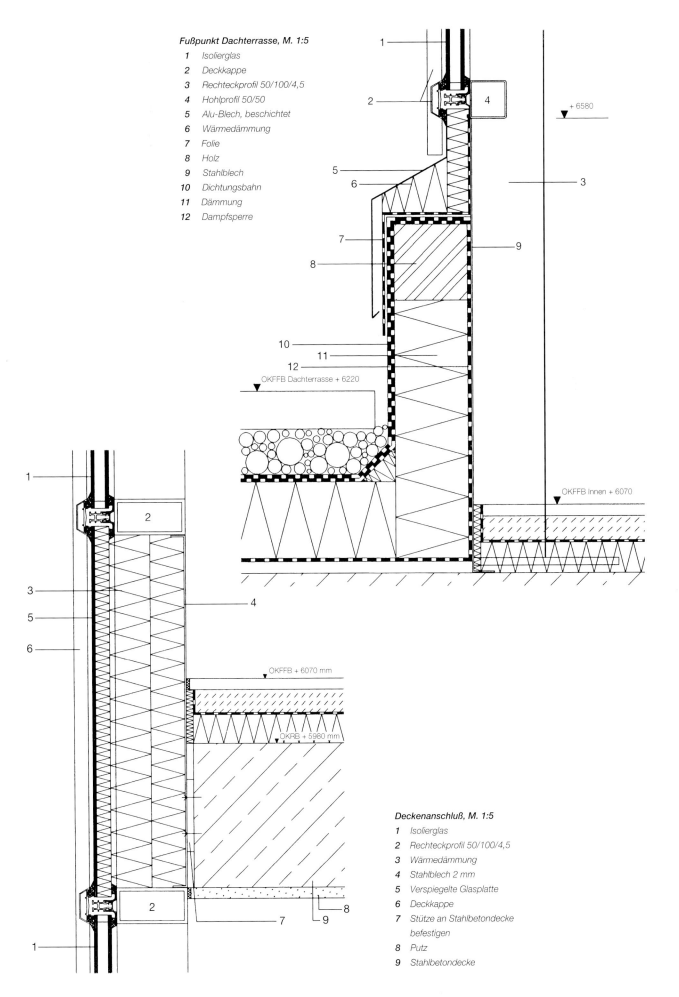

Hallen

Fußpunkt Dachterrasse, M. 1:5
1. Isolierglas
2. Deckkappe
3. Rechteckprofil 50/100/4,5
4. Hohlprofil 50/50
5. Alu-Blech, beschichtet
6. Wärmedämmung
7. Folie
8. Holz
9. Stahlblech
10. Dichtungsbahn
11. Dämmung
12. Dampfsperre

Deckenanschluß, M. 1:5
1. Isolierglas
2. Rechteckprofil 50/100/4,5
3. Wärmedämmung
4. Stahlblech 2 mm
5. Verspiegelte Glasplatte
6. Deckkappe
7. Stütze an Stahlbetondecke befestigen
8. Putz
9. Stahlbetondecke

Transferzentrum

Fußpunkt Flachdach, M. 1:5

1. Isolierglas
2. Rechteckprofil 50/100/4,5
3. Hohlprofil 50/50
4. Deckkappe
5. Stahlblech
6. Wärmedämmung
7. Alu-Blech, beschichtet
8. Wärmedämmung
9. Folie
10. Substrat/Vegetationsschicht
11. Filterschicht
12. Drainschicht
13. Schutzschicht
14. IB-Dichtungsbahn
15. Wärmedämmung
16. Trennlage/Dampfsperre
17. Voranstrich

Büropark Neumühle

Projekt:	Bürohaus mit verglaster Erschließungshalle
Architekten:	Krieger, Greulich und Partner, Darmstadt
Projektarchitekt:	Horst Ulriksen
Bauzeit:	1992 bis 1994
Geschosse:	4 + DG
Bruttogeschoßfläche:	ca. 6.600 m²
Grundfläche Glashalle:	ca. 390 m²
max. Höhe Glashalle:	ca. 11,5 m²
Kosten Glashalle:	siehe Seite 166

Das Bürogebäude liegt in einem neuerschlossenen Gewerbegebiet der Stadt Oberursel in landschaftlich reizvoller Umgebung. Die Baustruktur öffnet sich zu diesen Freibereichen, so daß für einen großen Teil der Büroräume direkte Blickbeziehungen zur Landschaft bestehen. Zur Bachaue hin reduziert sich die Bauhöhe zu einer eingeschossigen Bebauung.

Herzstück des Gebäudes ist die nach Südosten orientierte Halle mit den charakteristischen schmetterlingsartig ausgeklappten Dachflügeln. In der sich über drei Geschosse erstreckenden Halle befinden sich Verteilertreppen und Aufzug. Möglich wäre auch eine Nutzung als Cafeteria, die sich bei warmem Wetter über den Laubengang zur Gartenseite hin erweitern läßt.

Büropark Neumühle

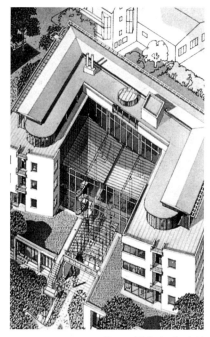

Perspektivische Ansicht

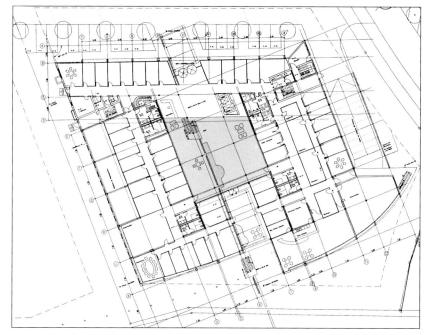

Grundriß Erdgeschoß

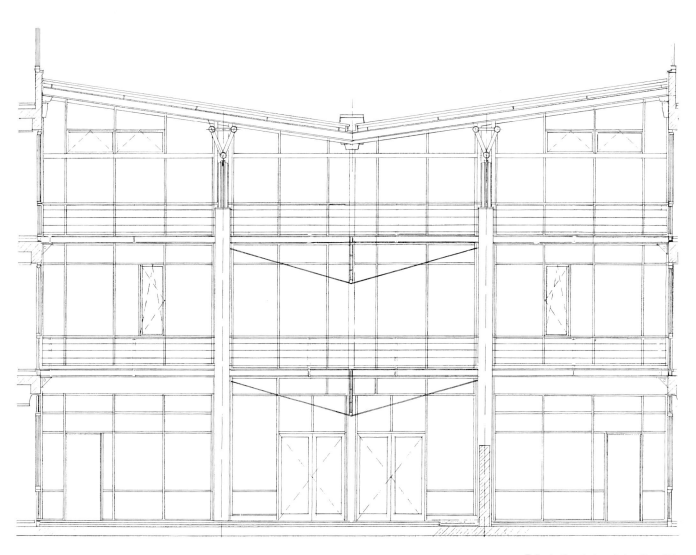

Teilschnitt zwischen Achse G und H,
Innenansicht Glasfassade (Gartenseite), M. 1:100

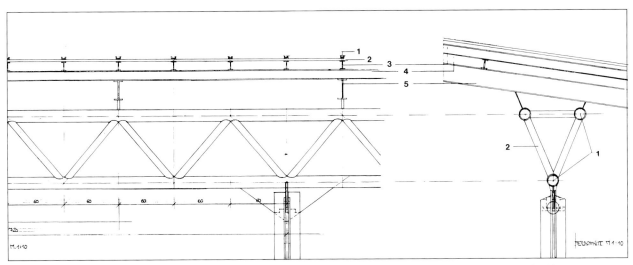

Schnitt A-A, M. 1:20
1 Glasandruckleiste
2 VSG
3 Glasträgerprofil IPE 100
4 IPE 100
5 IPE 180 als Hauptträger

Teilschnitt, M. 1:20
1 Ober- und Untergurt 127/4,0 mm
2 Diagonalen 70/5,6 mm

Konstruktion

Das Tragwerk besteht aus einer graubeschichteten (DB 701 Eisenglimmer) Stahlkonstruktion mit Fachwerkträgern auf vier Stahlbetonsäulen. Als zusätzliche Aussteifung dient eine Treppenscheibe. Zwischen Säule und Fachwerkträger sind jeweils Stützen aus vier gleichschenkeligen L-Profilen eingespannt. Über der Treppenscheibe übernimmt die gleiche Funktion eine Doppel-U-Stütze. Das Glasdach aus kittloser Industrieverglasung (VSG) wird von IPE-Profilen (IPE 180) getragen. Die Glashalteleisten bestehen aus einbrennlackierten silbergrauen Aluleisten, aufgelegt auf einbrennlackierte Systemprofile 50/120. In der Dachkehle verläuft eine gedämmte und beheizte, doppelwandige Edelstahlrinne. Die Fassade ist mit herkömmlichem Isolierglas verglast (bis Brüstungshöhe VSG). Das Geheimnis der filigranen Wirkung der Glaskonstruktion beruht vor allem auf der Tatsache, daß die Lasten jeweils über Abstandhalter abgeführt werden.

Zur Halle hin besteht für alle angrenzenden Räume Sichtbeziehung, über Fenster kann die passive Solarenergie zur Beheizung mitgenutzt werden. Als Lüftungselemente für die Zuluft dienen die Eingangstüren zu beiden Seiten der Erschließungszone, so daß sich eine wirksame Längslüftung ergibt. Die Abluft kann über die vorgeschriebene RWA-Anlage jeweils am höchsten Punkt im Glasdach entweichen. Die Halle ist beheizt (Fußbodenheizung). Verschattungselemente sind nicht vorgesehen. Statt dessen wurde für die Dachverglasung Sonnenschutzglas gewählt. Hinzu kommt die Verschattung durch die vorgeschobenen, hohen Gebäuderiegel der U-förmigen Bebauung sowie durch den eingeschossigen Vorbau. An der nach Westen orientierten Massivwand wurden für die Büros Sonnenschutz-Rollos installiert.

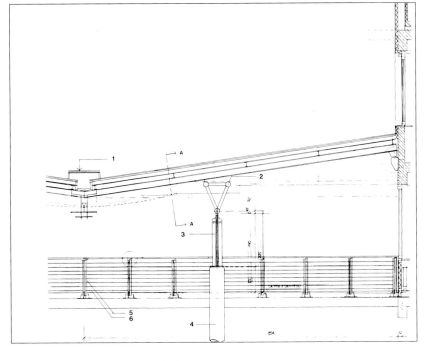

Teilschnitt in Achse H, M. 1:100
1 Laufsteg aus Gitterrosten
2 Verbindungsblech
3 Stahlstütze aus 4 x L 120/12
4 Runde Stahlbetonstütze Ø 40 cm
5 Geländerpfosten 2 x L 45/30/5
6 Geländerstäbe Rundstahl Ø 7 mm

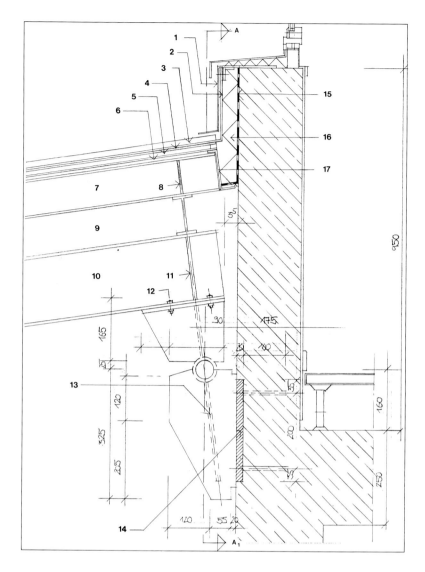

Anschluß Glasdach an Brüstung, M. 1:10

1. Schutzblech Titanzink
2. Äußeres Firstblech
3. Andruckleiste Verglasung
4. APTK-Dichtung
5. Sonnenschutzverglasung
6. APTK-Dichtung
7. IPE 100
8. Steg 6 mm
9. IPE 100
10. IPE 180 mit 8° Neigung
11. Steg 10 mm
12. M 10
13. Stahlblech 10 mm
14. Ankerplatte bauseits
15. Trocal-Dampfsperre
16. Wärmedämmung
17. Inneres Firstblech

Schnitt A–A$_1$, M. 1:1

1. Steg 6 mm
2. IPE 100
3. Stahlsteg 10 mm
4. IPE 180
5. Stahlsteg 10 mm
6. Ankerplatte 270/250/20 mm, bauseits

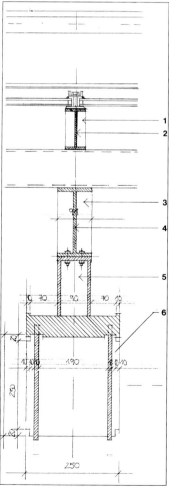

Kosten:

Glasfassade (180 m²): ca. 980,– DM/m²
Glasdach (310 m²): ca. 1.060,– DM/m²
Stahlbau Fassade
– mit Laufstegen: ca. 260,– DM/m²
– ohne Laufstege: ca. 70,– DM/m²
Stahlbau Dach: ca. 220,– DM/m²

Hallen

Büropark Neumühle

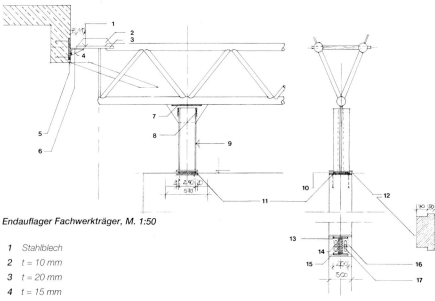

Endauflager Fachwerkträger, M. 1:50

1. Stahlblech
2. t = 10 mm
3. t = 20 mm
4. t = 15 mm
5. Ankerplatte 810/280/25
6. Stahlwinkel 180//90/10
7. Schweißnaht aw = 3 mm, lw = 400 mm
8. Schweißnaht aw = 3 mm, lw = 100 mm
9. 2 x U 240 (auf Wandscheibe)
10. Fußplatte 240/200/20
11. Gleitfolie
12. Stahlplatte t = 8 mm, punktverschweißt, zweiteilig
13. Ankerplatte 280/300/20
14. 2 x Kopfbolzen Ø 13, l = 150
15. U 240
16. Stahlplatte t = 8 mm, 2 x Fußplatte 240/200/20
17. 2 x Langloch 15 cm, Schrauben M 12/4,6

Grundriß, M. 1:25

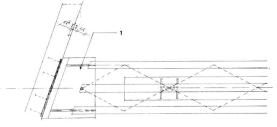

Horizontalschnitt Anschluß an Geschoßdecke, M. 1:50

Museum für Hamburgische Geschichte

Architekten:	von Gerkan, Marg + Partner, Hamburg
Entwurf:	Prof. Volkwin Marg
Konstruktion:	Prof. Jörg Schlaich, Stuttgart
Bauherr:	Verein der Freunde des Museums für Hamburgische Geschichte e.V.
Grundfläche des Innenhofes:	ca. 900 m²
Gesamtfläche der Glaseindeckung:	ca. 1.000 m²
Gesamtgewicht der Tragkonstruktion (incl. der punktweise aufgelagerten Traufträger):	ca. 50 t
Gesamtlänge der Stahlprofile für das Gitterdach (Abmessungen 60 x 40 mm):	ca. 2.400 lfd. m
Gesamtlänge der Spannseile aus Edelstahl:	ca. 6.000 lfd. m
Planungszeit:	Januar bis April 1989
Bauzeit:	Mai bis August 1989
Gesamtbaukosten incl. Umbau des Altbaus und Nebenkosten:	DM 3,45 Mio.

Museum für Hamburgische Geschichte

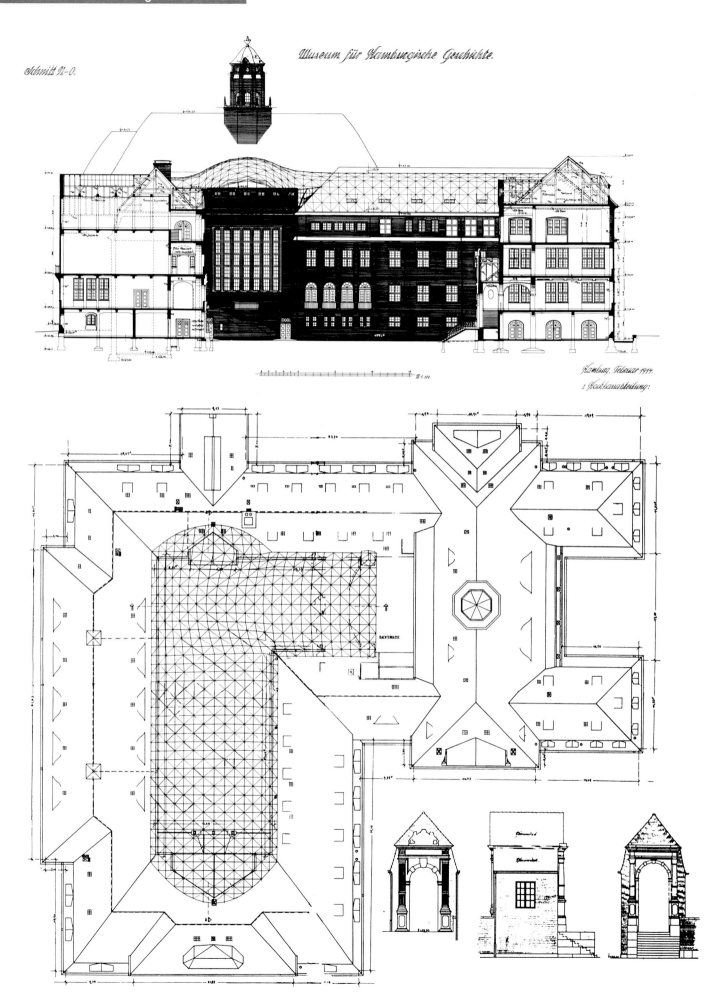

Hallen

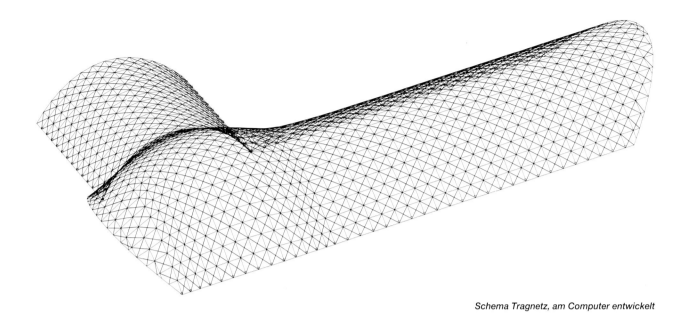

Schema Tragnetz, am Computer entwickelt

Aufgabe

Das Museum für Hamburgische Geschichte ist ein Werk des Hamburger Oberbaudirektors Fritz Schuhmacher, entstanden in den Jahren 1914 bis 1923. Als bedeutendes Bauwerk steht es heute unter Denkmalschutz. Obwohl bereits in der Entstehungszeit diskutiert, wurde erst anläßlich der Vorbereitungen zur Feier des Hafengeburtstags 1989 wieder eine verglaste Überdachung des Innenhofbereichs erörtert – und schließlich auch geplant und gebaut.

Für den Entwurf des Tragwerks war dabei ausschlaggebend, daß aus Gründen des Denkmalschutzes für den historischen Baukörper nur ein möglichst geringer Eingriff in die Bausubstanz und das architektonische Gesamtbild des Gebäudes erfolgen durfte. Deshalb kam nur eine sehr leichte, transparente, aber gleichzeitig widerstandsfähige Dachkonstruktion in Frage, die ausreichenden Witterungsschutz bietet, um auch den Innenhofbereich für Ausstellungszwecke zu nutzen. Dieser bedeckt mit einem L-förmigen Grundriß eine Fläche von etwa 1.000 m² Einzelabmessungen zeigt die Skizze.

Tragwerk

Für diese Vorgaben wurde ein Gitterschalentragwerk entworfen, das sich aus zwei tonnenförmigen Schalen sowie einer Übergangskuppel zusammensetzt. Diese Geometrie mit den fließenden Übergängen zwischen den drei Hauptelementen ist das Ergebnis einer Optimierung, die Dachlasten weitgehend über Schalenmembrandruckkräfte abzutragen und Biegebeanspruchungen zu vermeiden. Diese Reduzierung auf Membrankräfte bedeutet natürlich auch eine Minimierung der erforderlichen Querschnitte in der Schale.

Die Tragstruktur der Schale besteht aus Flachstahlprofilen 60 x 40 mm, St 52.3, verzinkt und weißgestrichen. Die Profile erreichen damit gerade noch die Minimalabmessungen des

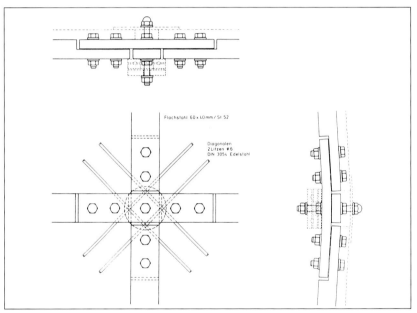

Normalknoten -Ansicht von außen und Schnitte

Auflagerprofils für die Glaseindeckung und bewahren dadurch ihre höchstmögliche Filigranität. Diese Profile werden zu einem orthogonalen Tragnetz mit gleichbleibender Maschenweite von ca. 1,17 x 1,17 m zusammengesetzt und am Knotenpunkt mit einer Schraube drehbar miteinander verbunden. Da sich die Rechteckmaschen bei drehbaren Knotenpunkten zu Rhomben widerstandslos verformen lassen, ist die Einführung von Diagonalen erforderlich, die aus den Vierecken Dreiecke machen und somit eine unverschiebliche steife Schalentragwirkung erzeugen. Da diese Diagonalen wegen der Transparenz

-171

Museum für Hamburgische Geschichte

filigran und deshalb Seile sein sollen, werden sie in beiden Richtungen angeordnet, so daß immer eine der beiden Diagonalen auf Zug wirken kann.

Somit ergibt sich eine verblüffend einfache Fertigung und Montage dieser Gitterschale: alle Flachstähle werden gleich lang gefertigt und einfach miteinander verschraubt. Die ungleich langen Diagonalen werden von durchlaufenden Seilen gebildet, die nachträglich eingezogen, vorgespannt und an den Knoten geklemmt werden.

Selbst bei 14 bzw. 18 m Spannweite ist das Gitterschalentragwerk mit diesen minimalen Querschnitten in der Lage, Eigengewicht sowie Schnee- und Windlasten abzutragen. Wegen der besonders hohen einseitigen Schneelasten, die hier durch Schneeverwehungen nicht auszuschließen sind, wurden die „etwas weicheren" tonnenförmigen Schalen durch radial zusammenlaufende Speichenseile ausgesteift.

Für die Verglasung wurde Spezialsonnenschutzglas (äußere Scheibe) verwendet, um ein zu schnelles Aufheizen des Innenhofes zu vermeiden. Zwischen die Zweischeiben-VSG-Verglasung wurde 0,76 mm starke UV-absorbierende Folie eingelegt, die zusätzlich mit Heizdrähten versehen ist, damit im Winter die Last aus Eis und Schnee zum Schmelzen gebracht werden kann.

Im überdachten Innenhof war ein ähnliches Klima wie außen angestrebt. Das Glasdach brauchte also nicht luftdicht abzuschließen. So kann der Regen vom neuen auf das alte Dach und von dort wiederum in die vorhandenen Dachrinnen abfließen.
Die Verglasung wird direkt auf die Flachstahlprofile aufgelegt und punktförmig mit Tellern im Knotenbereich gehalten. Um Kondensationsbildung zu vermeiden, wurde zwischen Glasauflager und Stahlprofil ein Heizdraht eingelegt; für die störungsfreie Tätigkeit der Entwässerung sorgt eine Rinnenheizung.

Entlang des Dachrandes wurde ringsum ein steifer Randträger angeordnet, der ca. 70-90 cm oberhalb des vorhandenen Daches verläuft und punktförmig durch dieses hindurch auf die Stahlbetondecken bzw. -wände abgestützt wird. Durch die Leichtigkeit der neuen Glasdachkonstruktion waren keine besonders aufwendigen Abfangmaßnahmen am vorhandenen Gebäude notwendig.

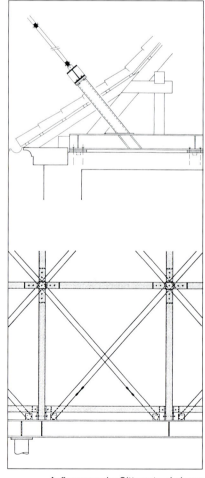

Auflagerung der Gitternetzschale am Gebäudedach in Schnitt und Draufsicht

Olivandenhof und Zeppelinstraße

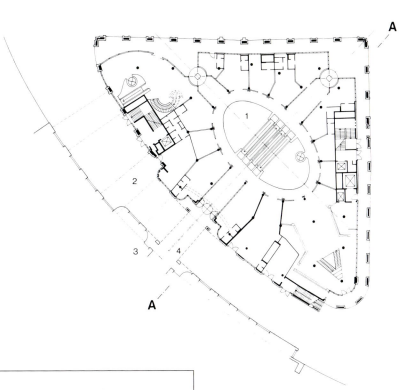

Architekten:	Hentrich-Petschnigg & Partner, Köln
Partner:	Hermann Henkel
Projektleiter:	Meinhard Slapa, Hans Büttner
Mitarbeiter:	M. Junker, J. Kowald, G. Vos
Bauleitung:	Held + Partner, Siegen

Grundriß Erdgeschoß, M. 1:800
1 Olivandenhof
2 Zeppelinstraße
3 Kaufhaus
4 Verbindungsbrücke

Olivandenhof und Zeppelinstraße

Projektbeschreibung

Mit dem „Olivandenhof" ist in Köln ein neues innerstädtisches Einkaufszentrum entstanden.
Das Objekt umfaßt verschiedene Elemente: den Neubau des „Olivandenhofs" und die anschließende Straßenüberdeckung der Zeppelinstraße. Einzubeziehen in die Planung war die unter Denkmalschutz stehende teilweise erhaltene Fassade des 1913 errichteten Geschäftshauses „May-Center".

Der Bauherr, die Colonia Lebensversicherung AG, hatte vorgesehen, den Gebäudekomplex zu einem multifunktionalen Einkaufszentrum, zu einer Einkaufspassage mit zukunftsweisendem Konzept für Einzelhandel und Gastronomie sowie für Büronutzung umzubauen. Der zwischen Olivandenhof und Karstadt liegende Teil der Zeppelinstraße wurde zur Fußgängerzone ausgebaut und in Form einer „Galleria" mit einem transparenten Glasdach versehen.

Idee und Konzeption des neugeschaffenen Olivandenhofes ist die im Zentrum liegende ovale Öffnung über alle Geschosse. In diesem glasüberdachten Atrium sind transparente Rolltreppen vom Basement bis zum 3. Obergeschoß angeordnet. Die beiden oberen Geschosse wurden zu Büroetagen mit 2.000 m² Nutzfläche, die 7.500 m² Verkaufsflächen werden von ca. 50 Handels- und Gastronomieunternehmen genutzt.

Eine Besonderheit ist die Anbindung des Olivandenhofes an das benachbarte Kaufhaus. Die dazwischenliegende Zeppelinstraße wurde auf einer Länge von 68 m mit einem Glasdach überdeckt. Als erste glasüberdeckte Straße Deutschlands ist sie eine besondere Attraktion und ein geeigneter Ort für Straßentheater, Modeschauen und ähnliche Veranstaltungen. Durch die Brücke ist das Kaufhaus im 1. und 2. Obergeschoß mit dem Olivandenhof verbunden, so daß sich Einzelhandelsgeschäfte und Warenhaus räumlich ergänzen.

Das ovale Atrium des Olivandenhofes mit der Glasüberdachung ist in Stahl konstruiert. Die architektonische Gestaltung der konstruktiven Elemente wie Stützen, Ringbalken, Glasdach und deren farbliche Behandlung in

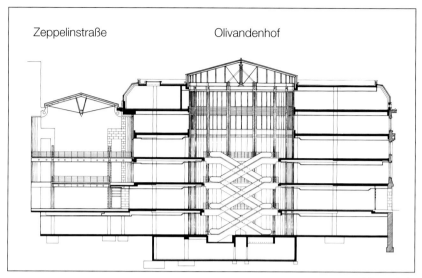

Längsschnitt

Grau- und Grüntönen ist zum charakteristischen Merkmal des Olivandenhofes geworden.

Tragwerk im Olivandenhof

Zu überdachen war ein ellipsenförmiger Innenhof von 28,6 m Länge (x-Achse) und 17,8 m Breite (y-Achse).

Über die Längsachse wurde ein unterspannter Binder in Firstebene angeordnet (Spannweite 28,0 m, statische Höhe 2,75 m, Obergurt IPE 600, Untergurt = Rundstahl ⌀72 mm, Schrägspannstäbe je Seite 2 x Rundstahl ⌀ 52 mm, Druckstäbe in den Umlenkpunkten der Unterspannung, 2 coup HEM 240 Profile je Umlenkpunkt). Die Auflagerung des Binders erfolgte an jedem Auflager über eine Doppelstütze aus Stahlrohr 193,7 Durchmesser x 12,5 m in Λ-Stellung.

Die Dachbinder in Querebene des Satteldaches sind als Halbrahmenbinder rechtwinklig zum unterspannten Hauptbinder von der Mitte aus in immer kleiner werdenden Achsabständen angeordnet.

In der Mitte des Daches verlaufen zwischen den drei längsten Dachbindern vom First aus Diagonalverbände aus Rundstahl (Durchmesser 20) bis zur Traufe und werden fortgeführt in der senkrechten Stützenebene der Dachrahmen. Die Druckstäbe der Verbände sind aus Rundrohr (Durchmesser 48, 3 x 4).

Als Ringträger im Innern der Rotunde liegen zwei ellipsenförmig gebogene Stahlprofile im Abstand von 560 mm übereinander (unteres Profil = HEB 240, oberes Profil IPE 600). Die Ringträger lagern auf zwölf Doppelrohrstützen auf. Der Oberflansch des IPE-600-Profils dient zur Aufnahme der Führungsschiene für die Innen-Befahranlage.

Die gesamte Konstruktion ist in ST 52,3 gefertigt.

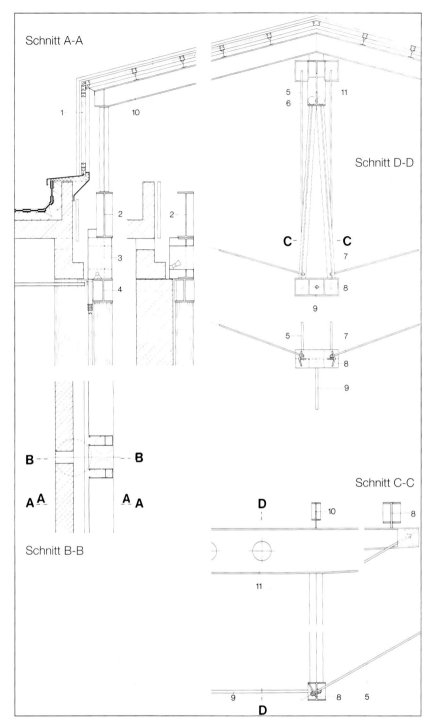

Schnitt Atrium Olivandenhof M. 1:50

1. VSG 8 mm
2. IPE 600
3. IPE 550
4. HEB 260
5. Stahlrohr Ø 26,5 mm
6. Sprinklerrohre Ø 10 mm
7. Zugstange M 16
8. IPE 240
9. Stahlrohr Ø 36 mm
10. IPE 240
11. NP 600 Stegöffnungen Ø 25 cm

Perspektive Atrium (Zeichnung HPP)

Olivandenhof und Zeppelinstraße

Detail Polygonträger; Gitterroste auf den zwischen den Polygonträgern längslaufenden Trägern dienen als Wartungsstege

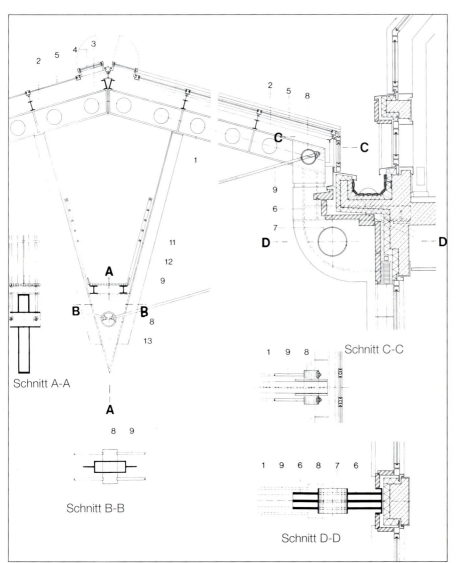

Schnitt Dachkonstruktion Zeppelinstraße, M. 1:50

1. IPE 330
2. IPE 120
3. ⌐120
4. Rauchabzug
5. VSG 8 mm
6. Metallkonsolen 3 x 30 mm Zwischenraum 70 mm
7. Stahlrohr 406 x 142 x 280 mm
8. Stahlrohr 195 x 460 mm
9. Zugstange 2 x ∅ 30 mm
10. Wartungsstege Gitterroste auf 2 x IPE 100
11. Geländerpfosten 50 x 10 mm mit 5 Füllstäben Rohr 21,3 x 20 mm
12. Stahlprofil T 140
13. Stahlblechkasten

Hallen

oben: Durch eine Brücke über der Zeppelinstraße sind Kaufhaus und Olivandenhof miteinander verbunden, so daß sich Einzelhandelsgeschäfte und Warenhaus räumlich ergänzen

links: Die unterspannten Polygonbinder geben der Stahlkonstruktion des Daches etwas Leichtes. Das Dach wird von gußeisernen Konsolen getragen, die in der Mauerwerkswand befestigt sind

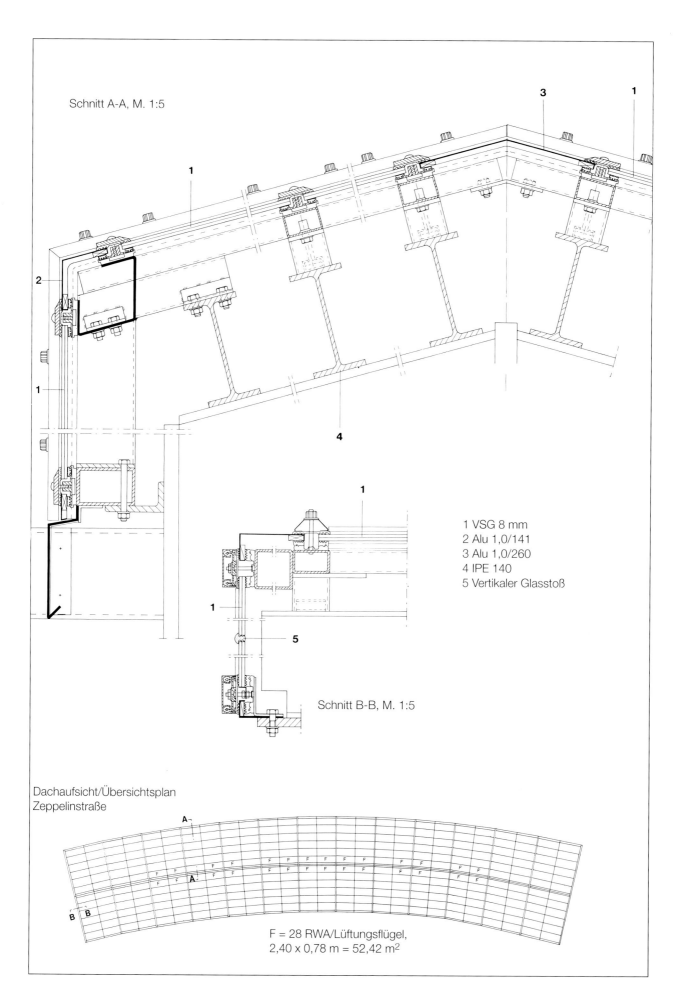

Konstruktionen mit Sondergläsern

Ökohof Frankfurt a.M.

Architekten:	Eble & Sambeth, Tübingen
Projektleitung:	Klaus Sonnenmoser
Landschaftsarchitektur:	Prof. Hans Loidl, Berlin
Bauzeit:	3/1990 bis 5/1992
Nutzfläche:	7.065 m²
Bruttorauminhalt:	44.015 m³
Baukosten:	ca. DM 30 Mio.

Vorhaben

Der ökokulturelle Gewerbehof in Frankfurt entstand auf dem Grundstück einer ehemaligen Stadtbrache entlang der Bahnlinie Ledererstraße/Kasseler Straße. Die Aufgabenstellung lautete, diesen Standort durch ein ökologisch orientiertes Gebäude ganzheitlich ökologisch zu regenerieren. Das Gebäude selbst sollte den multifunktionalen Anforderungen der unterschiedlichen Nutzungen wie Druckgewerbe, Dienstleistungen, Büros etc. gerecht werden. Bedingung war auch, mit ökologischen Ausgleichsmaßnahmen bei Baustoffwahl, Konstruktion und Haustechnik eine gesunde und behagliche Atmosphäre zu schaffen. Entsprechend diesen Zielen verbinden sich im Gebäude die sozialen und betrieblichen Erfordernisse mit den ökologischen Bausteinen zu einem komplexen Baukonzept. Die Prinzipien Haus-Arbeit-Leben-Natur sollen sich zu einem synergetischen Bau-Organismus vernetzen.

Glashäuser

Hauptbestandteil des passagenartigen Solarhauses ist das „Kernhaus", ein abgewinkelter siebengeschossiger Langbau mit den wesentlichen Nutzungen wie Druckerei, Verlage, allgemeine Büroeinheiten, Arztpraxen, Frauenzentrum etc. Diesem Kernhaus ist eine große straßenseitige Glashalle vorgelagert. Sie dient u.a. als

– Erschließungshalle mit Verbindung zu allen Funktionsbereichen,
– Solarhaus zur passiven Sonnenenergienutzung,
– Schallpuffer gegenüber Bahn und Straße,

Ökohof Frankfurt

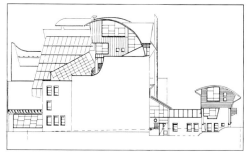
Südostansicht

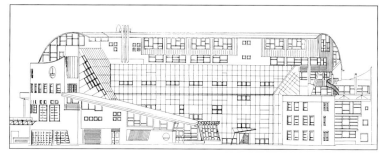
Südwestansicht

Nordwestansicht

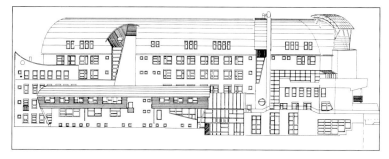
Nordostansicht

– Erholungs- und Aufenthaltsraum mit den Lebenselementen Licht, Luft, Pflanzen, Wärme, Wasser.

Die innere Erschließung erfolgt über die Rampe des Solarhauses mit zwei Treppenhäusern, die als Fluchttreppenhäuser angelegt sind. Zusätzliche freie Erschließungsstege im Luftraum der Solarhalle entlasten die inneren Flure des Kernhauses und gewährleisten eine flexible und kleinräumige Nutzungsaufteilung.

Der rampenartige Vorbau des Bistros schirmt die Glashalle einerseits ab gegen Straße und Lärm, andrerseits öffnet er den Solarraum zu Licht und Sonne.

Ein weiteres, kleineres Glashaus ist dem Kernhaus nach Nordosten hin vorgelagert. Es stellt die Erschließung und Verbindung her zum zweigeschossigen Nebengebäude mit Teilen der Druckerei, Verwaltung und betriebsnaher Kindertagesstätte.

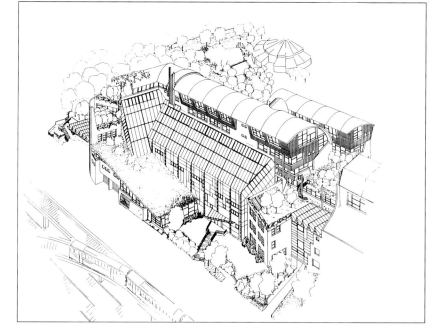
Isometrie

Tragwerk

Das Tragwerk der Glashäuser ist eine F-30-Holzkonstruktion in Leimholz, ausgeführt als selbsttragendes 4er Stützsystem mit Doppelzangen.

Verglasung

Etwa zwei Drittel der Glasfläche sind mit Okalux-Solargläsern, ein Drittel mit normalem Isolierglas trocken verglast. Die Lichtlenkgläser haben im Scheibenzwischenraum fest angeordnete

Südglashaus

Spiegelprofile, die das Licht teilweise nach außen, teilweise diffus in den Raum reflektieren. Die Lichtdurchlässigkeit beträgt je nach Sonnenhöhe 5 – 60 % für gerichtetes Licht und bis zu 35 % für diffuses Licht. Die Verglasung wurde mit Aluklemmprofilen der Fa. Portal in Aachen ausgeführt. In allen Bereichen kam Verbundsicherheitsglas zum Einsatz.

Klimatisierung

Die vorgelagerten Glashäuser sind unbeheizt. Mit ihren massiven Wänden und dunklen Böden speichern sie die eingestrahlte Sonnenenergie. Die Wärmespeicherung ermöglicht auch in den Übergangszeiten den Aufenthalt im Glashaus. Zusätzlich vermindert sie den Verlust von Wärme, die sonst über die Fenster ins Freie strömen würde.

Im Sommer verhindern Okalux-Lichtlenkgläser zusammen mit den Lüftungsflügeln und den Abluftrohren eine Überhitzung der Glashäuser, im Winter dagegen verstärken die Solargläser die Erwärmung durch die Sonne. Für den Klarglasbereich waren Sonnenschutzsegel vorgesehen, die bislang aber nicht installiert wurden.

Naturklimaanlage

Die beiden Glashäuser dienen u.a. auch zur Aufbereitung von Luftqualität und Raumluftfeuchte für die Arbeitsplätze. Frische, kühle Luft strömt vom Teich her über das Nordglashaus ein. Durch die Solarthermik – unterstützt durch ein Absaugsystem – wird diese frische, kühle Luft über den Verbindungsgang in den Südwintergarten gesaugt. Wasserkaskaden, Wasserwände und eine intensiv luftbefeuchtete Bepflanzung erhöhen die Luftfeuchtigkeit auf das für Druckerei, Reprotechnik und Verlagsarbeit notwendige und behagliche Maß.

Die Lüftungsanlage arbeitet in Doppelfunktion:

1. Umluft zwischen Nord- und Südglashaus, um in den Übergangszeiten eine gleichmäßige Temperierung zu erzielen (Luftmenge 5.000 m^3).

2. Abluft bei Überschußwärme; ein Wärmetauscher zur Nutzung der passiven Solarenergie kann nachgerüstet werden (Luftmenge 5.000 m^3).

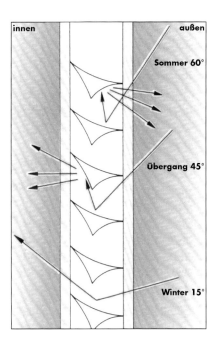

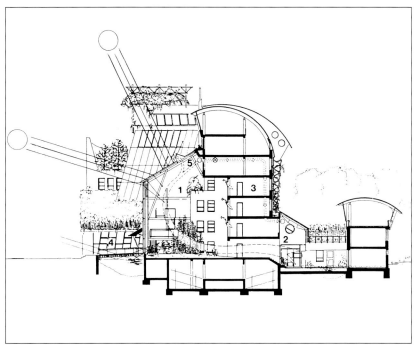

Klimakonzept

1 Südglashaus
2 Nordglashaus
3 Büro
4 Kantine/Bistro
5 Umluft/Abluft

Ökohof Frankfurt/Main

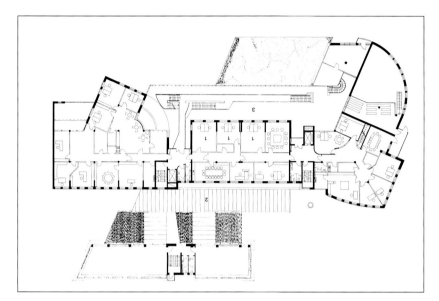

Grundriß 2. Obergeschoß
1   Büro
2   Nordglashaus
3   Südglashaus

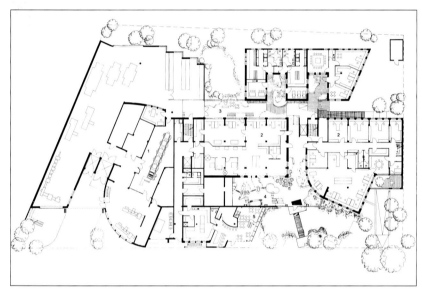

Grundriß Erdgeschoß
1   Druckerei
2   Büro
3   Nordglashaus
4   Südglashaus
5   Kantine/Bistro

Energiekonzept
1   Zuluft
2   Abluft
3   Zuluft über Nordglashaus
4   Wärmepumpe
5   Brennwertkessel
6   Umluft/Abluft
7   Intensive Bepflanzung

Heizkonzept

Im Mittelpunkt des alternativen Heizkonzeptes stehen die Nutzung der Abwärme aus der Druckerei und die passive Nutzung der Sonnenenergie. Der bis zu 45 °C warmen Abluft der Druckerei wird durch einen Wärmetauscher Energie entzogen. Über eine gasmotorbetriebene Wärmepumpe wird die entzogene Wärmeenergie in den Heizkreislauf des Gesamthauses eingespeist.
Falls die Druckerei nicht genügend Energie liefert, wird ergänzend ein erdgasbefeuerter Brennwertkessel mit einem besonders hohen Wirkungsgrad zugeschaltet.
Eine Computersimulation ergab, daß ca. 85 bis 90% der benötigten Heizenergie durch die Druckerei geliefert werden.

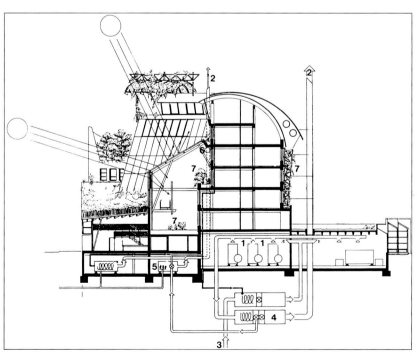

Konstruktionen mit Sondergläsern

Erfahrungen

Während die Klimatisierung im Nordglashaus einwandfrei funktioniert, sind im Südglashaus Mängel aufgetreten. Zum einen entsteht dort im Firstbereich bei starker Sonneneinstrahlung ein Hitzestau, der mit den Querschnitten der Abluftrohre allein nicht beseitigt werden kann. Eine wirksame Ablüftung wäre durch die Lüftungsflügel gegeben, doch diese mußten aus Brandschutzgründen ca. 5 m unterhalb des Firstpunktes angebracht werden. Besserung erhofft man sich durch das Anbringen von Sonnenschutzsegeln im Klarglasbereich und/oder ein Einlenken der Brandschutzbehörde. Bei richtiger Ausführung sollte laut Gutachten in Hitzeperioden die Innentemperatur im Glashaus ca. 4 °C unterhalb der Außentemperatur liegen.

Als Bepflanzung waren aus Gründen der Luftbefeuchtung offenporige, verdunstungsreiche Bambusarten und Farne gepflanzt worden. Diese erwiesen sich jedoch als nicht resistent genug gegen Frost und Schädlingsbefall. Hoher Wartungsaufwand und der Einsatz von Pestiziden wären zur Erhaltung erforderlich gewesen, so daß die Pflanzen nach einem Jahr gegen robustere mediterrane Pflanzen ausgetauscht wurden.

Ökohof Frankfurt/Main

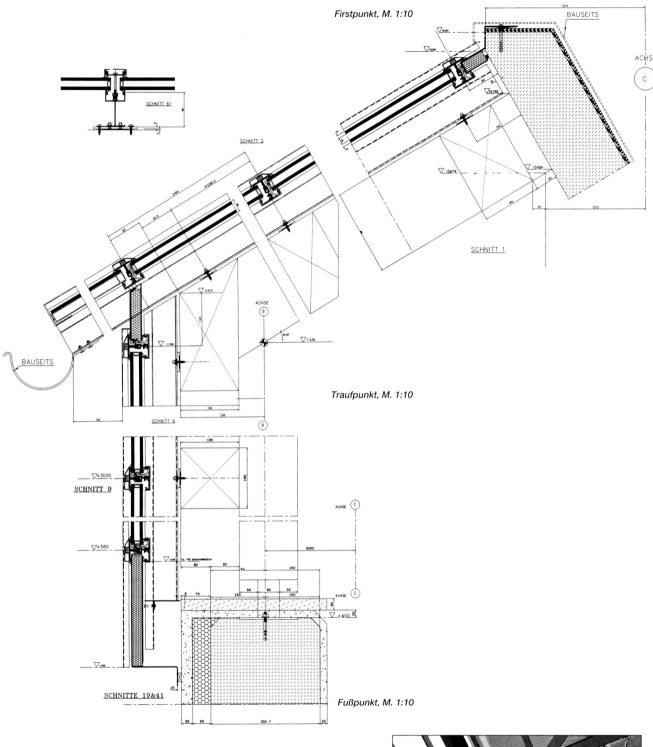

Firstpunkt, M. 1:10

Traufpunkt, M. 1:10

Fußpunkt, M. 1:10

Auch die Lüftungsflügel im Dachbereich wurden zum Teil mit Lichtlenkgläsern ausgestattet

Konstruktionen mit Sondergläsern

Deutsches Postmuseum

Bauherrschaft:	Bundesministerium für Post u. Telekommunikation vertreten durch Oberpostdirektion Frankfurt
Architekten:	Behnisch & Partner, Stuttgart
Projektgruppe:	Schürmann, Heßmert, Geiselmann
Betreuung:	Christian Kandzia
Tragwerksplanung:	Schlaich, Bergermann u. Partner, Stuttgart
Fassadenberatung:	Gerhard Brecht, Stuttgart

Lage

Das Postmuseum wurde in Frankfurt am südlichen Ufer des Mains, dem sog. Museumsufer, errichtet. In unmittelbarer Umgebung, am Schaumainkai, haben sich bereits eine Reihe namhafter Museen etabliert: Architektur-, Film-, Kunstgewerbe- und Städelmuseum. Früher standen am Schaumainkai vorwiegend repräsentative Villen. Heute werden diese Gebäude, soweit noch vorhanden, von Versicherungen und Verbänden und zum Teil auch für Ausstellungen genutzt.

Deutsches Postmuseum

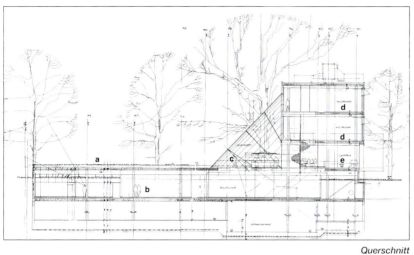

Querschnitt

Lageplan

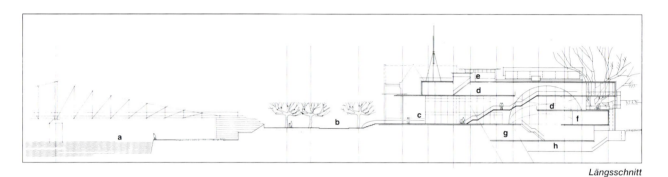

Längsschnitt

Aufgabenstellung

Der „Villencharakter" – Einzelhäuser, umgeben von Gärten – sollte sich auch im neuen Postmuseum widerspiegeln, so jedenfalls lautete der Wunsch des Landesamtes für Denkmalschutz. Deshalb lag es nahe, die auf dem Grundstück vorhandene alte Villa samt Garten zu erhalten. Allerdings blieb dadurch für das neue Postmuseum, ein relativ schmales, langes, dreigeschossiges Gebäude, nur noch wenig Raum, in dem nur ein Teil der geforderten Museumsflächen Platz fand. Ein anderer beträchtlicher Teil mußte deshalb in zwei Ebenen unter dem Villengarten angeordnet werden. So sind heute alle Lager, Parkierungsplätze, ein Unterrichtsraum und der größte Ausstellungsraum unter der Erde untergebracht. Dieser Ausstellungsraum ist als Zentrum konzipiert, so daß er sich auch für große, zusammenhängende Ausstellungen gut eignet. Er verbindet alle Ausstellungsebenen, und an ihm liegen die „Attraktionen" des Gebäudes wie Cafeteria, Vortragssaal und Treppenanlage. Eine große Glasschale erhebt sich wie ein gekipptes Segment eines Tonnengewölbes über diesem Zentrum.

Konstruktionen mit Sondergläsern

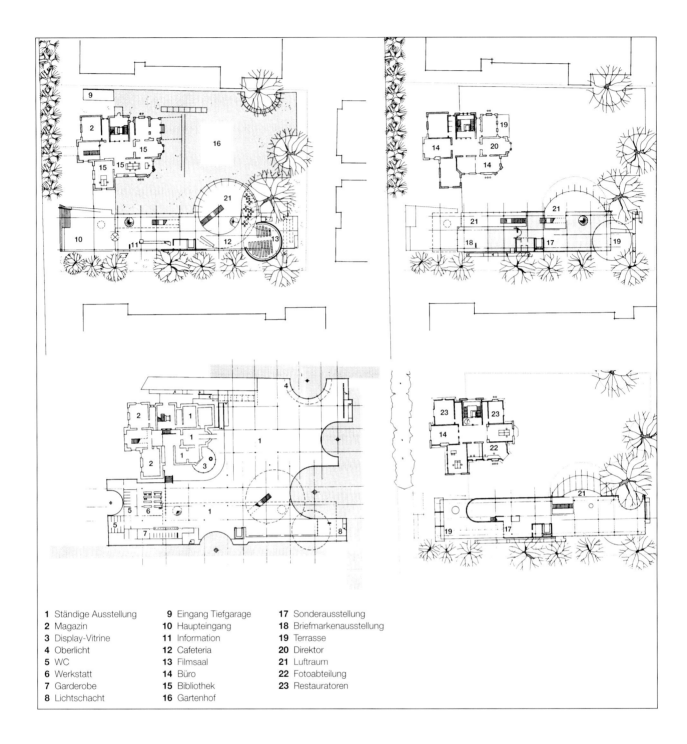

1 Ständige Ausstellung
2 Magazin
3 Display-Vitrine
4 Oberlicht
5 WC
6 Werkstatt
7 Garderobe
8 Lichtschacht
9 Eingang Tiefgarage
10 Haupteingang
11 Information
12 Cafeteria
13 Filmsaal
14 Büro
15 Bibliothek
16 Gartenhof
17 Sonderausstellung
18 Briefmarkenausstellung
19 Terrasse
20 Direktor
21 Luftraum
22 Fotoabteilung
23 Restauratoren

Konstruktion des Glaskegels

Der große Glaskegel verbindet die Ausstellungsflächen unter der Erde mit den Ebenen des neuen Bauteils. Die geometrische Form des Glaskegels hat sich von einem Kegel-Abschnitt zu einem Zylinderhut entwickelt. Die Aussparung in der Decke über dem Untergeschoß zur besseren und natürlichen Ausleuchtung des Untergeschosses weist einen Radius von ca. 12,5 m auf, in der Lotrechten ist die Wandscheibe mit einem Radius von ca. 11,6 m geöffnet. Über diesen beiden Aussparungen wurde ein verlängerter „Zylinderhut" unter ca. 45° ausgeführt. Um die großen Spannweiten mit schmalen Profilierungen zu überbrücken, wurden Stahl-Zwillingsprofile als Sparren-Primärkonstruktion verwendet. Die Zwillingsprofile bestehen aus handelsüblichen Stahlflacheisen und je nach Feldanordnung in unterschiedlichen Dimensionierungen mit dazwischen eingesetzten Rundhülsen, die mittels HV-Schrauben verbunden sind.
Großdimensionierte Kastenprofile wurden dadurch vermieden, die Profile erscheinen schmal und optisch aufgelöst. Zur Ableitung der Windkräfte sind drei Druckringe angeordnet, jeweils im Kegel auf den Höhenkoten +2,98, +5,49 und +8,0 m.
Auch die Druckringprofile mit unterschiedlichen Radien sind im gleichen Systemaufbau konzipiert.
Dadurch ergibt sich ein räumliches Tragwerk. Die Tiefe der Druckringe beträgt 250 mm mit einer Einzelmaterialdicke von 15 mm. Der Zwischenraum beträgt 60 mm, damit ergibt sich eine Gesamtbauhöhe von 90 mm.

Konstruktionen mit Sondergläsern

Die Stahldruckringe St 37/2 sind seitlich an den Betonflächen an Drehlagern befestigt, die aus zwei aufstehenden Lagerböcken, dem eingesetzten Mittelstück und einer eingeschobenen Stahlwelle aus St 52 (Ø 32 mm) bestehen. Seitlich werden die Wellen verstiftet. Die Grundplatte wurde auf eine eingelegte Ankerplatte nach der Feinjustierung aufgeschweißt.

Zum Randbereich hin sind die vertikalen Tragprofile, also die Primärkonstruktion, auf eine Bautiefe von 120 mm reduziert, während im Mittelbereich 150 mm notwendig sind. Druck- und Zugstäbe werden in diesen Profilen als Riegel verankert. Durch die Winkelabweichungen in den einzelnen Achsen der Primärkonstruktion (Sparren) müssen die Kopf- und Fußbefestigungen jeweils im entsprechenden Winkel andere Halteschwerter erhalten, die schräg geneigt eingeschraubt sind. Auf der beschriebenen Primärkonstruktion baut sich die Glashaut als Sekundärkonstruktion aus Aluminium und Glas auf. Die Alu-Strangpreßprofile werden in den Sparrenprofilen verankert und sind im Außenbereich mit Aluschraubleisten entsprechend den Neigungen abgedeckt. Wegen der geringeren Verschmutzung wurde auf horizontale Schraubleisten verzichtet. Durch entsprechende Gummiprofile sind die Innen- und Außenschale entkoppelt, mit der thermischen Trennung erreichen die Aluprofile Wärmedurchgangswerte von ca. 2,6 W/m^{2}K.

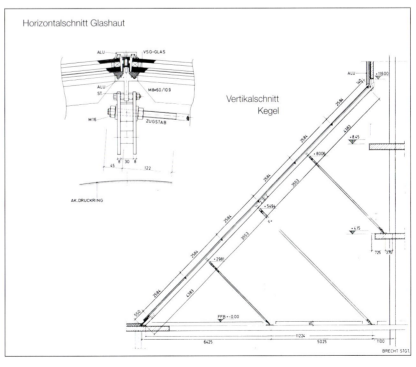

189

Deutsches Postmuseum

Verglasung

Die Glasscheiben sind planeben eingesetzt. Die Regelmaße betragen 1,27 x 2,55 m. Modellscheiben mit unterschiedlichen Schrägen und Größen sind in den Randbereichen notwendig. Eingesetzt wurden reflektierende Sonnenschutzverglasungen, Energiedurchlässigkeit 23%, g-Faktor 0,31, in den Farben Silber und Königsblau sowie Sonnenschutz-Isoliergläser mit Streifendesign. Teilbereiche sind mit Floatglas versehen. Die Randzonen der Isolierglaseinheiten sind auf Silikonmaterial abgestimmt.
Unterschiedliche Neigungen in der Kegelabwicklung zwischen 3 und 10° je Profilachse wurden über unterschiedliche Dichtungsprofile aufgenommen.
Alarm- und Sicherheitsverglasungen erfüllen die Forderungen der Nutzer.

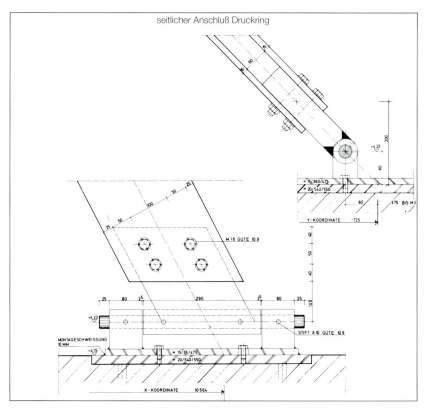

4 Ausblick

Luft, Licht und Sonne

Wimmenauer, Szabo, Kasper (Mitarbeiter: W.Meyer): Überbauung der Kunstakademie Düsseldorf (Entwurf, 1968); Fotocollage Lipecki, Düsseldorf

Buckminster Fuller: Climatron im Botanischen Garten von St. Louis (1960)

Verschattung mit sensorgesteuerten, dreieckigen Rollos

In den dreißiger Jahren stellte Mies van der Rohe das Konzept eines neuen Hochhauses vor: ein Skelettrahmen, vollständig mit Glas verkleidet. Doch das Konzept ließ sich zur damaligen Zeit nicht umsetzen. Für die Probleme immenser Wärmeverluste und starker Aufheizung durch Sonneneinstrahlung war noch keine Lösung in Sicht. Als Achillesferse erwies sich dabei der Baustoff Glas, der energetisch gesehen nicht in der Lage war, zwischen den widersprüchlichen klimatischen Zuständen außerhalb und innerhalb des Gebäudes auszugleichen. Statt Energiegewinn durch natürliche Nutzung des Treibhauseffektes waren vor allem Energieverluste durch künstliche Kühlung zu erwarten. Im Winter dagegen bedeutete der geringe Wärmedämmwert des Glases höheren Heizenergieaufwand.

Daß damit die Ära vollständig verglaster Bauten aber noch nicht zu Ende sein konnte, erkannte als einer der ersten der amerikanische Architekt und Konstrukteur Buckminster Fuller. Für seine geodätischen Glaskuppeln entwickelte er sensorgesteuerte, dreieckige Rollos, die den Lichteinfall steuern und damit die Energieströme zwischen Umwelt und Gebäude regulieren können. In Ansätzen zeigt dieses Beispiel bereits das System einer „intelligenten" Fassade. Mit seiner funktionsfähigen Haut kann das Gebäude auf Veränderungen des Klimas und der Nutzung dynamisch reagieren.

Auch beim Entwurf für die Erweiterung der Düsseldorfer Kunstakademie spielte Glas eine zentrale Rolle. Die durchscheinende Haut der überdimensionalen Glasröhren sollte sich automatisch mit ansteigenden Lichtwerten eintrüben. Die Idee war der Entwicklung noch um einiges voraus. Heute dagegen sind uns z.B. Brillengläser, die sich veränderten Lichtverhältnissen anpassen können, längst vertraut.

Doch es genügt nicht, nur für einzelne Bausteine neue Lösungen zu suchen. Erst wenn ein Gebäude in seiner Gesamtheit in der Lage ist, auf die unterschiedlichen Umweltbedingungen selbständig einzugehen, kann es zu einem Gewinnsystem werden. Wie die nachfolgenden Beispiele zeigen, haben „intelligente" Gebäude bereits die Schubladen der Planer verlassen.

Ausblick

Haus der Wirtschaftsförderung, Duisburg

Architekten:	Sir Norman Foster and Partners, London
Projekt-Entwickler/Bauherr:	Kaiser Bautechnik, Duisburg

Wesentliches Merkmal intelligenter Gebäude ist, daß sie mit ihrer Umwelt ständig im Austausch stehen. Sie werden selbst zu Klimageräten, Fassaden zu Heizaggregaten bzw. Beleuchtungskörpern, Räume zu Lüftungskanälen, Wände und Decken zu Heizkörpern. So läßt sich das Prinzip Wintergarten auf ganze Gebäude transformieren.

Beim Haus für Wirtschaftsförderung wurde nicht wie üblich ein Energiekonzept für das Gebäude entworfen, sondern das Gebäude selbst wurde zum interaktiven Part der Energieplanung. Eine wichtige Rolle übernahm dabei das Zusammenspiel zwischen Fassade und Haustechnik. Es galt, eine maximale Transparenz durch raumhohe Verglasung, gleichzeitig jedoch eine ausreichende Verschattung und Blendfreiheit zu schaffen bzw. Komfortkriterien in bezug auf Tageslicht, Beleuchtung, Oberflächentemperaturen der Fassade sowie Kühlung, Be- und Entlüftung zu optimieren.

Die gesamte Fassade des linsenförmigen Gebäudes ist dabei vollständig verglast (structural glazing) und wie ein „Kettenhemd" vom Ringbalken am Dachrand abgehängt. Hinter der äußeren Einfachverglasung befindet sich ein ca. 20 cm tiefes Luftpolster mit einer perforierten, computergesteuerten Metalljalousie. Nach innen wird der Luftraum durch eine hochwärmegedämmte Glasfassade abgeschlossen. Im Winter wirkt der Luftraum wie ein isolierender Puffer, im Sommer wird die Abwärme in den „gläsernen Schornsteinen" über Luftauslässe im Dachrand abgeführt. Auf Grund der hochwärmegedämmten Fassade bzw. der Abwärme von Computern und Personen ist eine konventionelle Heizung nicht mehr erforderlich, wenn auch aus Sicherheitsgründen eine Fußbodenheizung installiert wurde.

Frischluft strömt als erwärmte oder gekühlte Außenluft ein und breitet sich als „Frischluftsee" am Boden aus. Von dort steigt sie durch Eigenthermik auf.

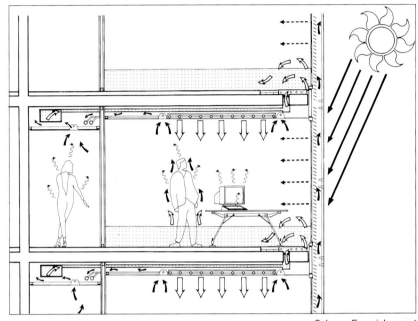

Schema Energiekonzept

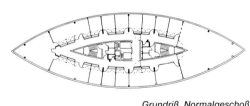

Grundriß, Normalgeschoß

Unangenehme Zugerscheinungen und Geräusche werden vermieden. Durch den Strahlungsaustausch mit der wasserdurchströmten Kühldecke wird dem Raum im Sommer überschüssige Wärme entzogen.

Die Komfortbedingungen lassen sich durch Einzelraumregler individuell steuern. Alle Regler sind gleichzeitig vernetzt und innerhalb des energetischen Gesamtkonzeptes zentral gesteuert.

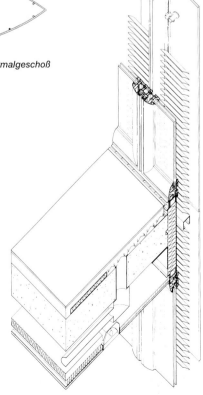

Isometrie Fassade

Haus der Wirtschaftsförderung

Ausblick

Heliotrop

| Architekt: | Rolf Disch, Freiburg |

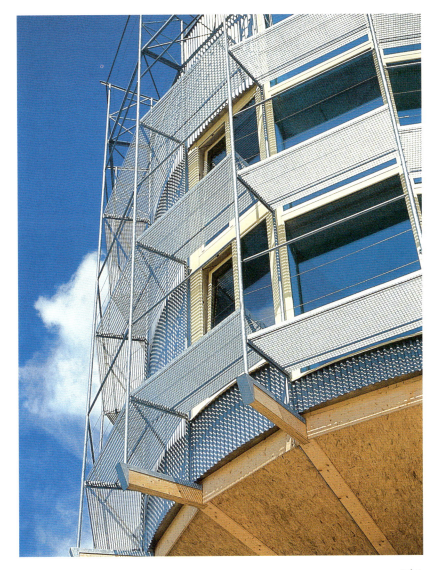

Noch einen Schritt weiter – weg von starren Systemen, hin zu reagiblen, intelligenten Gebäuden – geht der Freiburger Architekt Rolf Disch mit seinem Heliotrop. Das Solarhaus kann mit seiner Glasfassade der Sonne nachgeführt werden oder sich mit seiner geschlossenen Fassadenseite von der Sonne abwenden. Durch die kompakte, zylinderförmige Bauweise und die Verwendung von Dreischeiben-Wärmeschutzglas weist das Gebäude bereits einen besonders niedrigen Heizenergiebedarf auf und nutzt somit die Sonnenstrahlung optimal aus.
Nach Berechnungen soll der Heizenergiebedarf achtmal geringer sein als der Bundesdurchschnitt.
Das Gebäude verfügt insgesamt über 315 m^2 Nutzfläche, davon 240 m^2 im Baumhaus, das eine begrünte und nutzbare Fläche von 90 m^2 überdeckt. Lediglich 9 m^2 Fläche benötigt der Stamm selbst.
Im Heliotrop kommen neueste Energie- und Umwelttechniken zum Einsatz. Die Dach- und Wandflächen sind hochwärmegedämmt, die neuentwickelte Wärmeschutzverglasung (k-Wert 0,5 W/m^{2}K) dämmt fünf- bis sechsmal so gut wie herkömmliches Isolierglas.
Für die Wärmeerzeugung sind 22,8 m^2 Vakuum-Solarkollektoren geplant, die teils als Brüstungselemente, teils als Sonnenschutz in das Gebäude integriert sind. Für die Wärmespeicherung soll ein Latentwärme-Kompaktspeicher eingesetzt werden.
Zur Wärmeverteilung kommen drei verschiedene Verfahren zum Einsatz:

– Ein schnelles Niedertemperatursystem mit einer neuartigen Deckenstrahlungsheizung aus Kupferlamellen, die sich auch zur sommerlichen Kühlung eignet,
– die kontrollierte Wohnungslüftung mit Wärmerückgewinnung und Erdwärmetauscher zur Anwärmung und Ankühlung, die auch die Deckenstrahlungsheizung bei der schnellen Raumaufwärmung oder der sommerlichen Kühlung ergänzt,
– die Fußboden-Speicherheizung, die den Estrich als Heizplatte nutzt, wobei der Estrich an der Sonnenseite als „passiver Primärspeicher" zum kurzzeitigen Wärmeausgleich dient. Über die Niedertemperatur-Fußbodenheizung kann an die sonnenabgewandte Seite Solarwärme durch Umpumpen verschoben werden.
Für die Stromerzeugung sorgt schließlich ein zweiachsig nachgeführtes Solarkraftwerk, das fünf- bis sechsmal mehr Strom erzeugt, als im Gebäude selbst verbraucht wird.

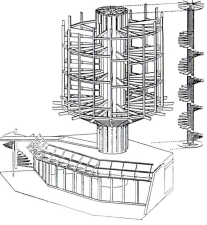

Isometrie Basisgelände und Baumhaus

Heliotrop

Lichtseite

Ausblick

Vom Wintergarten zum Nullenergiehaus

Nullenergiehaus in Münster (Architekt: Jürgen Hornemann, Greven)

Was das Energieproblem, was ökologisches Design und Umweltqualität betrifft, so befinden wir uns heute in einer Umbruchphase. Die seit über 20 Jahren etablierte Klimatechnik wird durch neue Umwelttechnologien auf den Kopf gestellt. In diesem Fachbereich macht ein großes Potential an innovativen Technologien auf sich aufmerksam. Doch durchsetzen konnten sich die neuen Ideen bislang nur zum Teil. Nicht selten scheitert die Realisierung an der Kostenfrage. „Ein Gebäude muß wirtschaftlich sein"; an dieser obersten Maxime läßt sich leider nicht rütteln.

Um so bemerkenswerter ist der Einsatz engagierter Architekten und Ingenieure sowie jener Bauherren, die bereit sind, sich in ein experimentelles Abenteuer zu stürzen. Sie alle leisten Pionierarbeit und treiben damit die Weiterentwicklung neuer Technologien voran.
Der Wintergarten kann eine neue Beziehung zu Luft, Licht und Sonne schaffen. Wie sehr damit Bedürfnisse unserer Zeit angesprochen werden, beweisen die wie Pilze aus dem Boden schießenden Glasanbauten, meistens nach dem Muster des klassischen Anlehnwintergartens errichtet. Doch sind die Gestaltungsmöglichkeiten hier nicht stehengeblieben. Ist der Wintergarten von seiner formalen Entwicklungstypologie her ursprünglich aus dem Gebäude herausgewachsen, so zieht er sich nun mehr und mehr ins Gebäude zurück, bis schließlich das Gebäude selbst zum Glashaus wird.

Daß der Wintergarten auch im Haus der Zukunft noch seinen Platz haben wird, deuten die ersten Prototypen von sog. Nullenergiehäusern an. Innovative Glasfassaden, extrem wärmegedämmt bei gleichzeitig hohem Energiedurchlaßgrad, können selbst in der kalten Jahreszeit Energiegewinne verzeichnen – trotz geringer Sonneneinstrahlung.
So fordert der Treibhauseffekt die Phantasie der Planer heraus und treibt sie zu immer neuen Höhenflügen an.

Schema Sonnenstand am 21. Dezember

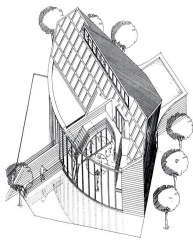

Isometrie Nullenergiehaus in Münster

197

5 Anhang

Register

A

Abdichtungsfunktion 32
Abflußbeiwert 31
Abluft 182, 183
Abluftquerschnitt 26
Abluftrohr 181
Abminderungsfaktor 14, 27, 33
Absaugsystem 181
Absorber 51, 104
Absorption 17
Absorptionsglas 17, 19
Abstandshalter 110, 130, 165
Abstrahlung 34
Abstrahlungsneigung 16
Abwärme 182
Alarmverglasung 190
Alublech 90
Alufolie 50
Alu-Kederprofil 51, 52
Alu-Klemmprofil 48
Aluminisierung 34
Aluminiumkonstruktion 27
Alu-Profil 74
Alu-Strangpreßprofil 189
Alu-Trapezblech 50
Alu-Verblechung 62
Alu-Winkel 62
Andruckleiste 166
Ankerplatte 189
Anschlußfuge 31
Anschlußpunkt 31
Äquivalenzwert 16
Argonfüllung 16
Ästhetik 147
Atmosphäre 15
Aufheizung 16
Aufzugsgaube 122
Ausschäumung 91
Aussteifung 23, 100, 110
Außenoberflächentemperatur 22

B

Bauabdichtungsfolie 31
Behaglichkeit 34
Beleuchtung 193
Belichtung 25, 118
Belüftung 22, 33, 50, 54, 80, 132, 147, 193
Bemo-Wandelement 52
Betonhohlstein 79
Bewässerungssystem 128
b-Faktor 19
Biegebeanspruchung 171
Biegespannung 23
Bitumenpappe 75
Blechpaneel 134

Blechrinne 132
Blechverwahrung 82
Blendfreiheit 193
Bodenkanal 157, 156
Bodenkonvektorheizung 60
Bongossi 74
Brandschutz 16, 183
Brennwertkessel 22, 86, 182
BSH-Pfette 62
BSH-Sparren 62
BSH-Stütze 60, 62
BUG-Profil 75, 76
Bundesanzeiger 14

C

Computersimulation 100

D

Dachaustritt 120
Dachbinder 175
Dacheinschnitt 118, 120
Dachflügel 100
Dachlast 150, 171
Dachschalung 46
Dachschrägendämmung 21
Dachüberstand 46
Dampfdruckausgleichsöffnung 29
Dampfsperre 83, 130, 166
Decken-Strahlungsheizung 195
Deckklappe 161
Deckleiste 130
Dehnungsfuge 62
Diagonalverband 175
Dichtband 60, 130, 134
Dichtfolie 32, 132
Dichtprofil 29, 32, 62, 124
Dichtstoff 29, 31, 32, 115, 166
Dichtungsbahn 83, 161
Dichtungsband 31, 32, 57
Doppelrohrstütze 175
Doppelstegplatte 96
Drahtglas 24, 55, 56
Drehlager 189
Dreiflankenhaftung 32
Druckausgleich 106
Druckring 188, 189
Druckstab 89, 150, 189
Durchlüftung 137

E

Edelmetallbeschichtung 16
Eichenholz 132
Eigenfarbe 19

Eigenlast 23
Einscheibensicherheitsglas (ESG) 24, 72, 130, 137
Einspareffekt 20
Einzelraumheizungsgerät 14
Eisbildung 31
Elastomere 33
Elektro-Speicherblockheizung 50
Elektro-Wärmepumpe 104
Emissivität 16
Energieabsorption 18, 19
Energieabstrahlung 15
Energiebilanz 16, 20, 82
Energiebilanzverfahren 14
Energiedurchlässigkeit 190
Energieeinsparung 20, 21, 22, 99
Energiegewinn 10, 11, 146, 192
Energiehaushalt 10
Energiepaß 22
Energiereflexion 18, 19
Energiestrom 192
Energieträger 104
Energietransmission 18, 19
Energieverlust 137, 155
Entkoppelung, thermische 40, 54, 156, 189
Entlüftung 50, 100, 147, 193
Entwässerung 132
EPDM 33
Erdwärmetauscher 195
Erkerfenster 118

F

Fachwerkträger 165
Faltstore 33, 34
Farbbeschichtung 27
Farbeindruck 18
Fensterflächenanteil 15
Fensterorientierung 14, 17
Festverglasung 82
Feuchteeintritt 32
Feuchtigkeit 25, 34
Flacheisen 188
Flächen-Volumen-Verhältnis 20
Flachstahlband 82
Flachstahlprofil 171
Floatglas 16, 19, 24, 137, 190
Folien-Gewächshaus 47, 48
Folienrollo 50
Formbeiwert 23
Frischluftleitung 86
Frost 183
Frostschaden 50
Füllstoff 83, 84
Fundamentabsorber 104
Fußbodenheizung 20, 50, 96, 104, 193, 195

G

Gasfüllung 16, 18, 19
Gastherme 122
Gebäudeform 22
Gebäudehüllverfahren 14
Gefrierpunkt 44
Gesamtenergiedurchlaßfaktor 33, 34
Gesamtenergiedurchlaßgrad 15, 16
Gewebeart 34
Gewinnbilanz 19
g-Faktor 190
Gitterschalentragwerk 171, 172
Gitterträger 156
Glasabdichtung 29
Glasauflager 55, 172
Glasaufsatz 112
Glasbruch 24, 31, 34
Glasdicke 23, 24
Glaserker 82, 118
Glasernorm 40
Glasfaltelement 128
Glasfalzbereich 41
Glasfalzgrund 29
Glasfalzraum 40
Glasgaube 122
Glashalteleiste 40, 54, 79, 82, 83, 84, 89, 91, 92, 96, 122
Glashaustemperatur 44
Glaskantenbereich 31
Glaskanzel 100
Glaskegel 188
Glasrand 29
Glasröhre 192
Glasstoß 130
Glasstreifen 132
Glasträgerprofil 165
Glasvliesbitumenbahn 46
Globalstrahlung 15
Grundplatte 189
Gummiauflager 130
Gummiprofil 130, 189
Gußglas 24
g-Wert 15 ff., 34

H

Hahn-Lamellenfenster 94, 96
Halteschwert 189
Hänge-Sprengwerk 118
Hartholz 142
Hartholzschwelle 62, 82
Hauskennwerte 20
Heizaggregat 193
Heizanlagenverordnung 14
Heizdraht 172
Heizenergiebedarf 21
Heizenergieeinsparung 21
Heizestrich 104
Heizkonzept 182
Heizkreislauf 182
Heizlast 14
Heizsystem 14, 20, 22, 165

Heizwärmebedarf 14
Heizwasserbereitung 20
Hitzestau 183
Hochlochziegel 20
Hohlboden 104
Hohlkörperdecke 21, 118
Holzblende 91
Holzklappe 73
Holzkonstruktion 27
Holzskelettbauweise 93
Horizontalkräfte 100
Hostaflonfolie 48, 50, 51, 52
Hygiene 22, 147

I

Infrarotbereich 16
Infrarotstrahlung 15, 16
Investitionskosten 22
Isofloc-Dämmung 87
Isothermenverlauf 25, 26, 31

J

Jahresheizwärmebedarf 14
Jalousie 34, 122, 193

K

Kaminlüftung 120
Kaminwirkung 122
Kastenprofil 156
Kastenrinne 130
Kederprofil 48
Kehlbalken 121
Kernhaus 20 ff.
Kippfenster 50
Kittfuge 83, 84
Kittverglasung 40, 44
Klappflügel 44
Klemmprofil 52, 74, 75, 76, 181
Klima 20, 26, 137
Klimagerät 193
Klimatechnik 197
Klimatisierung 100, 157, 181
Knickpunkt 110
Knotenpunkt 171
Kokosfaser 75
Kollektorfläche 50
Kompression 32
Kompriband 58
Kondensat 34, 41, 74, 122, 128, 172
Konvektion 16, 18
Konvektorheizung 20
Körperstrahlung 15
Korrosion 27, 41, 122
Kühlanlage 15
Kühleffekt 148
Kühlraum 26
Kühlung 193, 195
Kunststoffkonstruktion 27

k-Wert 16, 17
k-Wert-Verbesserung 34

L

Lagerbock 189
Lamelle 34
Lamellenfenster 54
Lärchenholzschalung 100
Lastannahme 23
Lasterhöhungsfaktor 23
Latentwärme-Kompaktspeicher 195
Leimbinderkonstruktion 118
Leitung 16, 18
Lichtausbeute 17
Lichtdurchlässigkeit 16
Lichteinfall 192
Lichthof 10
Lichtkuppel 50
Lichtlenk-Lamelle 76
Lichtlenkung 16
Lichtreflexionswert 19
Lichtspektrum 15
Lichttransmission 17 ff.
Lichtwert 192
Lippendichtung 82, 83, 84
Low-E-Glas 16 ff.
Luftbefeuchtung 183
Luftdichtigkeit 87
Lufteintritt 32
Luftfeuchte 25, 34, 74, 181
Luftführung 147
Luftfüllung 19
Luftkollektor 50, 51, 104, 106
Luftkollektor-Heizung 50
Luftkollektor-Speichersystem 50
Luftmenge 181
Luftpolster 193
Luftqualität 181
Luftraum 193
Lufttemperatur 26, 104
Luftumwälzung 104
Lüftung 25, 26, 122, 193
Lüftungsanlage 88
Lüftungsaufwand 33
Lüftungsflügel 31, 41, 72, 100, 104, 106, 120, 137, 147, 156, 157, 165, 181
Lüftungskamin 73
Lüftungsklappe 74, 75
Lüftungsquerschnitt 26
Lüftungsrohr 73, 147
Lüftungsventil 80
Lüftungsverhalten 22
Lüftungswärmeverlust 14, 22
Luftwechsel 26, 74
Luftwechselrate 33

M

Magnesitspeicher 50
Magnetronverfahren 18

Register

MAN-Isolierprofil 122
Markise 41
Massivabsorber 104
Massivausfachung 93
Massivheizdecke 104
Materialspannung 24
Mehrscheibenisolierglas 24
Membrankräfte 171
Mindestluftwechsel 22
Modultechnik 24
Motorhalterung 131
Multifunktionsglas 18

N

Neigungswinkel 23
Niedertemperatur-Fußbodenheizung 195
Niedertemperaturheizung 104
Niedrigenergiehaus 16
Normalglas 24
Nullenergiehaus 16

O

Oberflächenglätte 48
Oberflächentemperatur 193
Oberflansch 175
Obergurt 165
Oberlicht 54
Okalux-Lichtlenkglas 72, 75, 180, 181, 182
Ökobilanz 74
Oregon Pine 74
Oxidation 27

P

Pestizide 183
Pflanzen 21, 50, 60, 128, 137, 146, 148, 182, 183
Pfosten-Riegel-Konstruktion 60, 110, 120
Photovoltaikanlage 72, 73, 136, 137, 146
Plastomere 32
Plexiglas-Schutzhülse 104
Polysulfid 32
Polyurethan 32
Polyurethanschaum 31
Preßleiste 165
Preßverglasung 79, 100, 120, 150
Primärkonstruktion 156, 188
Primärspeicher 195
Prioritätenliste 20, 21
Profilentwässerung 76
Pufferspeicher 104
Pufferzone 44, 79, 99
Putzabschlußprofil 31

Q

Querlüftung 33, 44, 100, 120

R

Radiatorheizung 20
Rahmenkonstruktion 27
Randdurchbiegung 24
Randstreifen 62
Randverbund 29, 130
Rauchabzug 176
Raumlufttemperatur 34
Red Pine 74
Reflexion 16 ff.
Reflexionsglas 17, 18
Regelschneelast 23, 24
Regenablauf 122
Reifbildung 21
Reinigung 100
Ringanker 118
Ringbalken 156
Ringträger 175
Robinie 74
Rollo 104
Rückstrahlung 50
Rundstab 100
RWA-Anlage 165

S

Sandwichelement 48
Satteloberlicht 118
Schädlingsbefall 183
Schallpuffer 179
Schallschutz 16, 25
Schalung 62
Schamotterohr 74
Scheibenbeschichtung 16
Scheibenoberfläche 16
Scheibenzwischenraum (SZR) 16, 41, 75, 137, 180
Schimmelpilz 74
Schlagregendichtigkeit 30, 31
Schlagschatten 24
Schneelast 172
Schräg-Senkrecht-Markise 60
Schutzmittel 115
Schwitzwasserrinne 75, 76
Selektivitätskennzahl 19
Senk-Klapp-Flügel 104
Sicherheitsverglasung 190
Sichtbetondecke 54
Silberbeschichtung 18, 19
Silikon 32, 190
Siproband 160
Skelettrahmen 192
Solaranlage 72, 139
Solararchitektur 10
Solargewinn 10
Solarhaus 195
Solarhaustypologie 10
Solarkollektor 146
Solarkonzeption 43
Solarkraftwerk 195
Solarnutzung 47
Solarwärme 22, 195
Solarzellen 146
Solekreis 104
Sonneneinstrahlung 137, 157
Sonnenenergie 10, 14, 16, 21, 93, 99, 135, 137, 146, 165, 181, 182
Sonnenkollektor 79, 86, 146
Sonnenschutz 15, 16, 18, 27, 31, 33, 34, 60, 72, 148, 157, 165
Sonnenschutzglas 17, 18, 172, 190
Sonnensegel 41, 148, 137, 148, 181, 183
Sonnenspektrum 18
Sonnenwand 43
Sonnenwärme 22, 80, 128
Speichenseil 172
Speichermasse 44, 54, 93
Speicherwand 80
Spezialabsorber 50
Spiegeleffekt 50
Spiegelglas 24
Spiegelprofil 181
Spindelmotor 131
Spitzgaube 121
Splitterbindung 24
Stahl-Glas-Konstruktion 121
Stahlkonstruktion 27, 100
Stahlwelle 189
Stahlwinkel 62
Stahl-Zwillingsprofil 188
Standsicherheit 23
Staudruck 23
Stehfalzdeckung 46
Steinspeicher 50
Steuerung 147
Strahlung 16
Strahlungsabsorptionsfähigkeit 22
Strahlungsaustausch 193
Strahlungsdiagramm 15
Strahlungsdurchlässigkeit 15
Strahlungsgewinnkoeffizient 17
Strahlungsreflexion 18
Strahlungsverlust 16
Stromerzeugung 146, 195
Stromversorgung 139
Structural Glazing 130, 193
Stufenglas 52, 130
Stützweite 24

T

Tageslicht 193
Taupunktdiagramm 34
Taupunkttemperatur 25
Taupunktverschiebung 34
Tauwasser 21, 25, 60
Tauwasserbildung 25, 26, 27, 31
Temperaturdifferenz 16

Temperatur-Gleichgewichtszustand 16
Temperaturspannung 31
Temperaturspitze 44
Temperaturwechsel 24
Temperierung 137, 157, 181
Thermik 50, 157, 181, 193
Tonnendach 103
Topografie 22, 43
Tragnetz 171
Tragverhalten 23
Transmissionswärmeverlust 14
Transparenz 115, 149, 193
Traufenausbildung 31
Traufkante 128
Treibhauseffekt 15, 192, 197
Trennfolie 142
Trockenverglasung 40, 56
Tropenholz 74

U

Überhitzung 26, 181
Überkopfverglasung 23, 24
Untergurt 165
UV-Bestrahlung 29
UV-Durchlässigkeit 48

V

Vakuum-Solarkollektor 195
Ventilator 50, 74, 146
Verbundsicherheitsglas (VSG) 24, 60, 62, 72, 104, 122, 124, 130, 137, 165, 175, 181
Verdübelung 89
Verdunstung 148
Verglasungsvorschriften 130
Verkehrslast 23

Verklotzung 40, 130, 131
Verklotzungshalter 76
Verlustbilanz 19
Verlustfläche 155
Verschattung 33, 44, 60, 96, 110, 137, 148, 150, 157, 165, 193
Verschattungsfolie 50
Versiegelung 76, 128, 130
Verspiegelung 19
Vertikalkräfte 100
Vorlegeband 32, 62, 76
Vorspannung 19
Vulkanisation 33

W

Wandanschlußblech 62
Wand-Hypokauste 50
Wandtemperatur 34, 35
Wärmeausgleich 195
Wärmebrücke 14, 87
Wärmedämmung 134
Wärmedurchgangskoeffizient 14
Wärmeenergie 182
Wärmeerzeuger 104, 156
Wärmefalle 146
Wärmegewinn 14, 146
Wärmeleitfähigkeit 16
Wärmemenge 16
Wärmenachfrage 104
Wärmepumpe 182
Wärmerückgewinnung 18, 22, 31, 72, 86, 88, 195
Wärmeschutz 10, 11, 15, 18, 25, 26, 31, 72
Wärmeschutzglas 16, 17, 73, 80, 89, 100, 104, 110, 130, 132, 147, 157, 195
Wärmeschutzverordnung 11, 15
Wärmespeicher 79, 195

Wärmestau 34
Wärmestrahlung 50
Wärmetauscher 156, 181, 182
Wärmetransport 16
Wärmeübertragungsvorgang 15, 16, 18
Wärmeverlust 16
Warmluft 104
Warmluftkanal 75
Warmluftnutzung 21, 22
Warmlufttransport 72
Warmwassererzeugung 146
Wartung 183
Wasserdampf 34
Wasserdampfteildruck 29
Wasserkaskade 181
Wasserstau 29, 128
Weich-PVC 32
Weichschicht 18
Wellenlänge 15
Wetterschutz 25
Winddichtigkeit 87
Windlast 23, 172
Windverband 24, 100
Winkelblech 89
Winkelverbinder 62
Wintersituation 50
Wohnungslüftung 195

Z

Zentralbau 112
Zonierung 22
Zugerscheinungen 193
Zugseil 150
Zugstab 189
Zugstange 175, 176
Zuluft 104, 182
Zuluftquerschnitt 26

Bildnachweise

Bildnachweis

Allgemeiner Hinweis: Alle Fotos ohne Angaben des Fotografen wurden von Architekten oder Firmen zur Verfügung gestellt.

Umschlag S. 1: Fotograf Jens Willebrand

S. 9: Halle 10, Frankfurter Messe (Prof. M. O. Ungers, Frankfurt), Fotograf: Peter Seidel, Frankfurt

S. 10: Glaspavillon (Bruno Taut) aus Wasmuths Monatshefte für Baukunst (WMfB), 1. Jg. 1915, H. 4, S. 200

S. 11: Hausgruppen mit Gewächshäusern (Per Krusche) aus „Per Krusche, Ökologisches Bauen", Bauverlag Wiesbaden

S. 11: Solarhaus Landstuhl (Prof. E. Schneider-Wessling) aus „Kolb, Beispiel Biohaus", Blok Verlag München

S. 13: Erdhaus in Aldrans, Österreich (Horst H. Parson, Innsbruck) aus „Kolb, Sonnenklar Solar", Blok Verlag, München

S. 16: EXPO Wohnen 2000, Stuttgart (LOG ID Dieter Schempp, Tübingen)

S. 27: EXPO Wohnen 2000 (LOG ID Dieter Schempp, Tübingen)

S. 29: Doppelhaus München-Großhadern (Moritz Hauser, München), Fotograf: Peter Thul

S. 30: Ökohof Frankfurt (J. Eble, Tübingen), Fotograf: Manfred Gorgus, Kiedrich

S. 31: Wohnhaus München, Pariser Str. (Per Krusche, Nürnberg), Fotograf: Bernhard Kolb, München

S. 33: Siedlungshaus Kaiserslautern (Ernst + Kamb, Kaiserslautern), Fotograf: Fritz Eifer, Kaiserslautern

S. 37: Büropark Neumühle (Krieger, Greulich u. Partner, Darmstadt), Fotograf: Jens Willebrand

S. 39–41: Gewächshaus (Walter u. Bea Betz, München), Fotograf: Peter Reichel

S. 43–46: Sonnenhaus Riederau (A. Tilch, G. Drexler, Riederau), Fotograf: J. Fehlhaber, Beton Verlag, Düsseldorf

S. 47, 49, 50, 51, 52: Foliengewächshaus (B. Bambek, I. Schöttle-Bambek)

S. 53, 54, 58: Wohnhaus in Wuppertal (Franke u. Gebhard, Karlsruhe), Fotograf: Klaus Kinold, München

S. 59, 60, 61: Haus Stöger (J. Stöger, Schönberg), Archiv: Gruner + Jahr, Hamburg, Fotograf: v. Bassewitz

S. 63, 66, 69, 70: Sonnenspeicher (A. Rinn, München), Fotograf: Joachim Werle, Hamburg

S. 70, 74: Energiefalle (A. Vasella, Berlin), Fotograf: Alessandro Vasella, Berlin

S. 77–80: Siedlung Wien-Stadlau (Reinberg, Treberspurg, Raith, Wien), Fotograf: Georg W. Reinberg, Wien

S. 81, 83, 84: Wohnanlage Stockwiese (H.-J. Hatzesberger, Fürstenzell), Fotograf: Bernhard Kolb, München

S. 85, 86, 88, 90, 91: Niedrigenergiehaus Ahnatal (Prof. E. Schneider, Holzminden), Fotograf: A. Nicolic, Kassel

S. 93, 95–97: Sonnenhaus am Pilsensee (W. Frey, München), Fotograf: Bernhard Kolb, München

S. 96 oben: Lomberg, München

S. 99, 101, 102: Aussichtskanzel (K. Kammerer + S. Starzner), Fotograf: Ingrid Scheffler, München

S. 103, 105: EXPO Wohnen 2000 (Prof. K. Kowalski, M. Szyszkowitz, Graz)

S. 107–110: Siedlungshaus Kaiserslautern (Ernst + Kamb, Kaiserslautern), Archiv: Gruner + Jahr, Hamburg, Fotograf: v. Bassewitz

S. 111–113, 115, 116: Atelierhaus Wördern (Prof. Anton Schwaighofer, Wien), Fotograf: Damir Fabijanic, Zagreb

S. 117–120: Dachausbau Darmstadt (E. F. Krieger, Darmstadt), Archiv: Gruner + Jahr, Hamburg

S. 121, 123, 124: Dachwintergarten (P. Kriwoschej, München), Fotograf: Eugen Gebhardt, München

S. 127, 129, 131, 132, 133, 134: Mediendruckerei Lahr (LOG ID Dieter Schempp, Tübingen), Fotograf: Rainer Blunck, Tübingen

S. 135, 137, 138, 141: Kindertagesstätte Niederrad (Wörner + Partner, Frankfurt), Fotograf: Klaus Kinold, München

S. 145, 146, 148: Kindertagesstätte Griesheim (Funk & Schröder, Darmstadt), Fotograf: Thomas Eicken, Darmstadt

S. 143: Peter Seidel, Frankfurt

S. 149, 151, 152: Altenpflegeheim Konstanz (Herbert Schaudt, Konstanz)

S. 155, 156, 158–160: Transferzentrum für angepaßte Technologien (Jürgen Hornemann, Greven)

S. 163, 164, 166–168: Büropark Neumühle (Krieger, Greulich und Partner, Darmstadt), Fotograf: Jens Willebrand, Köln; perspektivische Ansicht

S. 164 l.o.: Jacobi, Wiesbaden

S. 169, 172: Museum für Hamburgische Geschichte (von Gerkan, Marg + Partner, Hamburg), Vegla-Bildarchiv, Alsdorf

S. 173–178: Olivandenhof und Zeppelinstraße (Hentrich-Petschnigg & Partner, Köln) aus „Transparentes Bauen, Galerien, Passagen und Märkte weltweit", Stahlinformationszentrum Düsseldorf, internationale Architektur-Dokumentation, München

S. 179–183: Ökohof Frankfurt/Main (Eble & Sambeth, Tübingen), Fotograf: Manfred Gorgus, Kiedrich

S. 185–187, 189, 190: Deutsches Postmuseum (Behnisch & Partner, Stuttgart), Fotograf: Christian Kandzia, Stuttgart

S. 191: Heliotrop (Rolf Disch, Freiburg), Fotograf: Georg Nemec, Merzhausen

S. 192 oben: Überbauung der Kunstakademie Düsseldorf (Wimmenauer, Szabo, Kaspar), Fotocollage: Lipecki, Düsseldorf

S. 192 unten: Climatron im Botanischen Garten von St. Louis (Richard Buchminster Fuller) aus „Lloyd Khan, Shelter"

S. 194: Haus der Wirtschaftsförderung (Sir Norman Foster and Peters, London), Fotograf: Jens Willebrand, Köln

S. 195, 196: Heliotrop (Rolf Disch, Freiburg), Fotograf: Georg Nemec, Merzhausen

S. 197: Nullenergiehaus in Münster (Jürgen Hornemann, Greven)

S. 199: Mediendruckerei Lahr (LOG ID Dieter Schempp, Tübingen), Fotograf: Rainer Blunck, Tübingen

Von der Idee zum Detail

- Projekte mit Farbfotos
- Grundrisse, Schnitte
- Infos zur Konstruktion
- Bauphysik und Kosten

Dachräume – Wohn(t)räume

Ob Spiel mit Höhe und fließenden Grundrissen, ob Lichteffekte, Dacheinschnitte, besondere Treppen, Gauben oder Freibereiche über den Dächern: Alles, was den Dachausbau von alltäglichen Planungsaufgaben unterscheidet, finden Sie in diesem neuen Fachbuch. Von zahlreichen Erfahrungen und Anregungen aus gelungenen Projekten profitieren Sie auch bei schwierigen Dachsituationen. So gelingt die „Maßanfertigung" Dachausbau innen wie außen.

Gunda Dworschak und Alfred Wenke
Neue Wohnräume unterm Dach
Dachausbau: Planung –
Konstruktion – Projektbeispiele
200 Seiten, DIN A4, 148,– DM,
Bestell-Nr. 1670
Erscheint voraussichtl. im Februar 1995.

Bestellen können Sie die Neuerscheinung direkt beim Verlag. Rufen Sie einfach an:
0821/ 50 41 – 2 66

WEKA Baufachverlage GmbH, Postfach 43 13 24, 86073 Augsburg,
Telefon 08 21/50 41-2 66, Fax: 08 21/50 41-2 50
WEKA Baufachverlage GmbH mit Sitz in Augsburg, HRB 9723,
mit den Geschäftsführern Karin Hammerschmidt, Dieter Kleber, Johann Maisch

10 Fachbücher

Jeder Band stellt bis zu 35 exzellente Projekte vor, großzügig ins Bild gesetzt mit brillianten Farbfotos, maßstäblichen Grundrißplänen und Isometrien. Konstruktionsdetails sowie näheres zu Projektidee, Zielsetzung und Energiekonzept des Architekten vermitteln fundierte Fachinformationen plus Anregungen für Ihre Planungen.

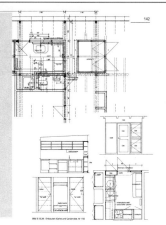

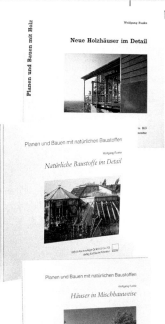

Neue Holzhäuser im Detail
Vom Holzrahmenbau bis zum Blockhaus, Materialeigenschaften und Ausführungsdetails, Projekte u.a. von den Professoren Kaup, Schneider-Wessling, Küttinger. 150 S., 317 Abb., 93 Farbfotos, Best.-Nr. 1047

Natürliche Baustoffe im Detail
Materialgerechte Konstruktionen aus Holz, Glas, Stein, Lehm, Ziegel, Planungsanforderungen, bauphysikalische Hinweise, u.a. von LOG/ID u. Prof. Minke. 150 S., 90 farb. u. 406 s/w-Abb., Best.-Nr. 4023

Häuser in Mischbauweise
Energiekosten senken durch Kombination von Leicht- und Massivbauweise, Holzrahmenbauweise, Steinspeichersysteme, Infos zu Energiebilanzen u. Wirtschaftlichkeit. 152 S., viele Farb- und s/w-Abb., Best.-Nr. 1049

Holzhäuser in ökologisch-ökonomischer Bauweise
Kostengünstige Holzbausysteme mit Eigenleistung für Einzel- und Reihenhäuser mit Baukostenaufschlüsselung, Integration weiterer Naturbaustoffe. 153 S., 110 farbige u. 402 s/w-Abb., Best.-Nr. 1046

Häuser in der Gruppe
Verdichtetes Bauen mit Rücksicht auf Mensch und Natur, neue Konzepte für individuelles Wohnen in der Gemeinschaft. 150 S., 405 Abb., 52 Farbfotos, Best.-Nr. 1048

Holz-Glas-Architektur
Passive Solarsysteme, transparente Fassaden, Lichtschirme, 35 Projekte aus Wohn-, Arbeits- und Freizeitarchitektur, u.a. von d. Professoren G. W. Reinberg, H. Mohl u. O. M. Ungers. 170 S., 117 Farb- u. 334 s/w-Abb., Best.-Nr. 1044

Bauten in der Landschaft *
Lärmschutz- u. Treppenanlagen, Türme, Tore, Gartenobjekte…, Details zu Statik, Tragwerksverbindungen, Brand- und Feuchteschutz. 160 S., 290 Abb., 149 Farbfotos, Best.-Nr. 1042.

* Sonderpreis: 49,- DM

Sanieren und Modernisieren mit Holz
Restaurierung und Umnutzung: 35 Beispiele für die gelungene Einbindung alter Bausubstanz in moderne Wohnkonzepte, u.a. Fachwerksanierung; Holzschutz. 190 S., 117 Farb- u. 354 s/w-Abb., Best.-Nr. 1062

Bauen und Sanieren mit natürlichen Baustoffen
Vom ehemaligen Gewerbebetrieb zur gesunden Wohnwelt u.a. durch ökologische Wärmedämmung. Bewertung alter Bausubstanz, historische Baumaterialien. 154 S. 90 Farb- u. 406 s/w-Abb., Best.-Nr. 1063

Bestellen können Sie die Architektur-Fachbücher zum Preis von 148,- DM je Band per Telefon 08 21/50 41-2 66.

WEKA Baufachverlage · Berliner Allee 28 b-c · 86153 Augsburg